南海トラフ地震とハイパーインフレ

令和最大の危機にどう備えるか？！

脇田康裕

みらい PUBLISHING

備でほとんど「丸裸」で放り出されていることに愕然「第十一の特徴」とします。不意打ち被害者になりかねません。政府があまり頼りにならないことにも愕然としますが、マイナス面にばかり目を向けてもいられません。

13. チャンス

我々は「戦後の歴史」に学び、また近年の「東北大震災の経験」を有しているのです。これは大きな財産（チャンス）ではないでしょうか。

14. 既知情報

さらに、地震学者の皆様の努力や研究成果により、南海トラフ地震についてはかなりの情報があります。もちろん、自然現象で不確かな部分もたくさんあることは承知していますが、情報は大切です。

またハイパーインフレ（巨大経済津波）についても、戦後という厳しい時代を経験しています。どちらにもたくさんの既知情報や経験があるという意味では、素晴らしいチャンスを手にしているも同然です。ありがたいことです。

本書はこの「チャンス」「第十二の特徴」を活かして、読者の皆様に、雄々しく、「令和巨大ダブル災害や新パラダイムシフト時代を、一緒に生き抜こうではありませんか！」とご提案します。

15. 大切なこと

従いまして、大切なことは、巨大な「ダブル災害」が来るか来ないかという思考ではなく、自分の経済的、経営的、人生的命運を守り、既知情報のチャンスを活かすために、どれだけ真剣に「備えるか、備えないか」だと思います。「自衛あるのみ」です。「第十三の特徴」

そして、「備えること」により、読者の皆様の尊い経済的、経営的、人生的「命運」を繁栄させていただき、できれば「羽ばたいて」いただけるバタフライの同志になっていただきたいです。

本書が、まず出版されることにより羽ばたきます。そして皆様にも羽ばたいていただき、バタフライ効果で、天災部分の50％以上（南海トラフ地震や首都直下地震等を含む）と人災部分（日本国債）のハイパーインフレの80％以上を防災したいです。（特に政府の規制緩和を実現して）

そして、一緒に日本の「命運」を繁栄させたいと熱望しています。どうぞよろしくお願いします。

大　切　な　こ　と　は、

南海トラフ地震はマグマの運動ですから
時期は前後にずれますが
必ず起きます。

令和ハイパーインフレは
南海トラフ地震が起きたら
９５％の確率で必ず起きます。（本文をお読み下さい）

国民にとって
無予知、無警告
無防備で、
不意打ち災害

結論として、両方とも**連動して起きます**

脇田康裕

幾何学的未来思考

この本では「未来への備え」「未来の巨大災害に対して経済、ビジネス、生計等をいかに守るか」を書いています。つまり、ほとんど「未来」のことばかりを書いていますので、「未来のことはわからない」「根拠がない」と一部の方々には誤解されるかもしれません。しかし、決していいかげんな主張ではないのです。それを理解していただくために、筆者の思考法を開示しておきます。

中学時代に習った幾何で、図形等の問題では「見えない線」を引くと、それまでわからなかった全体図がパーッと見えてきたり「解」が見つけ出されたりしました。それが嬉しくて、数学の中でも幾何が大好きになりました。

そのおかげか、無意識に幾何的思考を使うようになっていったと思います。ある時、ある信用金庫の理事長さんと話をしていて、「あんたは未来が見える」と言われました。つまり、私の幾何的思考は未来を的確に予測する役に立っていたということなのです。

自分ではごく当たり前の思考法だったので、そう言われて驚きましたが、思い返せばコンサルの現場や未来戦略が好きなのも幾何的思考をしていたからかもしれません。

私はこの幾何的手法を「幾何的未来思考」、そして見えない線を「幾何的未来線」と数年前から呼ぶようになりました。 わからないことがあると、幾何的にどうしてこうなるのだろう、見えない線（幾何では補助線と言います）は何か、と考えます。

逆に、「もしも○○が△△になる時があるならば、どんな状態の時だろう」と、数日間どころか数ヶ月も考えることもあります。するとある日、パーッと「見えない線の内容」が見えてくることがあるのです。そして、エビデンスを取ります。ですから「幾何的未来思考」は、とても的中確率が高いと思っています

前々回（平成 28 年）の参議院議員選挙の折り、消費税の増税分５兆円を当初全て国債返済に充てるという自民党の公約がありましたが、その内１兆円を年金や医療費や子育てに充てて、国債の償還には４兆円しか回さないと方針転換されました。

年金や医療費や子育てを充実させるのは良いことで賛成しますが、国債の方はいったいどうなるのか。私は疑問に思い、調べ始めました。当時も今も、日本国債が過大なために、「破綻するのではないか」という心配の声がよく聞か

れます。

通貨発行権を持っている政府は、MMT 理論により、毎年 10 兆〜 20 兆円も国債を増加させていました。政府はもちろん、必死にプライマリーバランスを守っているとも言えますが、実現できていません。でも、もし日本国債が破綻するとしたらどんな時だろうと考え、何冊か本を読んで、幾何の見えない線、私の幾何的未来線は何だろうと探し続けました。

数ヶ月後、ふと気がつきました、そうだ、地震だ。大地震だ！　南海トラフ地震により、日本国債は破綻する危険性が十分にあると気づきました。

それから、エビデンス探しを始めました。南海トラフ地震の研究も始めました。するとどんどんエビデンスが出てきました。

たとえば 1990 年代の、ヘッジファンド運用で財を成したソロス氏の、ポンドの空売りによるポンド危機 。それから土木学会の南海トラフ地震のシンポジュームにも出席し、自分の考えが間違っていないと確信しました。

私は財政学者でもない素人だったからこそ、かえって幾何的未来線で「他の視点」を持っていたからこそ見つけられたと思っています。一つ「解」を見つけるとまた新しい疑問が出てきて、その幾何的未来線を見つけてエビデンスを得る。するとまた、新しい疑問が湧いてきます。その繰り返しでした。

本書は、この幾何的未来線で私の知らなかったたくさんのことを見つけて、エビデンスをとって構成しています。 それができたのも、幾何の神様のおかげだと感謝しています。

私はこの幾何的手法を「幾何的未来思考」、そして見えない線を「幾何的未来線」と数年前から呼ぶようになりました。わからないことがあると、幾何的にどうしてこうなるのだろう、見えない線（幾何では補助線と言います）は何か、と考えます。

逆に、「もしも○○が△△になる時があるならば、どんな状態の時だろう」と、数日間どころか数ヶ月も考えることもあります。するとある日、パーッと「見えない線の内容」が見えてくることがあるのです。そして、エビデンスを取ります。ですから「幾何的未来思考」は、とても的中確率が高いと思っています。

特徴は、１.「見えない線」を自分の専門分野だけでなくあらゆる分野から探してくることで、それに対して２. 現在や過去の、世界中のエビデンスを取ることです。３. 未来に対しても、未来修正をして、同様に行います。

幾何的未来思考とは（まとめ）

原理	中学校の数学の幾何の「見えない線」を探す、の応用
見えない線	物事の現象、関係性の中にある現在はまだ見えてない線
	（関係性、関連、真因、主要な原因等）を探す
範囲	1．専門分野、特定分野に限らない、多角的
	2．現在だけでなく、過去事例も
	3．未来も（技術の進歩、環境変化等を修正して）
問題は何か	何故？、どうなるのか？　どうして？　原因は？
探す	該当する「**見えない線**」を探す
	（これ等の仮説探しに数日ー数ヶ月かかることは珍しいこと
	では有りません。）
	（ある日、パーッと浮かんで来ます。）
仮説	**見えない線（仮説）**を見つけたと思ったら
仮説検証	**エビデンス**（過去、現在の事例）を探します。
特徴	1．広い視野（専門外）から探すことができる
	2．専門外の人でも少しの研究で探すことができる
	3．未来現象もかなりの精度で予測できる
	4．エビデンスの検証しだいで９割近い精度も出ます。

第1章
災害多発時代

南海トラフ地震の警戒直前期に入った

将来の南海トラフ地震発生の可能性

1．地震の規模　：　Ｍ８～Ｍ９クラス
2．地震発生確率：　３０年以内に、７０％～８０％
3．地震後経過率：　０・８４
4．平均発生間隔：　８８・２年

南海トラフ全体を一つの領域として考え、この領域では大局的に１００～２００年で繰り返し地震が起きていると仮定して、地震発生の可能性を評価しました。

地震本部
（https://www.jishin.go.jp/regional_seismicity/rs_kaiko/k_nankai/

出典：地震本部　「将来の地震発生の可能性」

南海トラフ地震発生時期（正規分布）

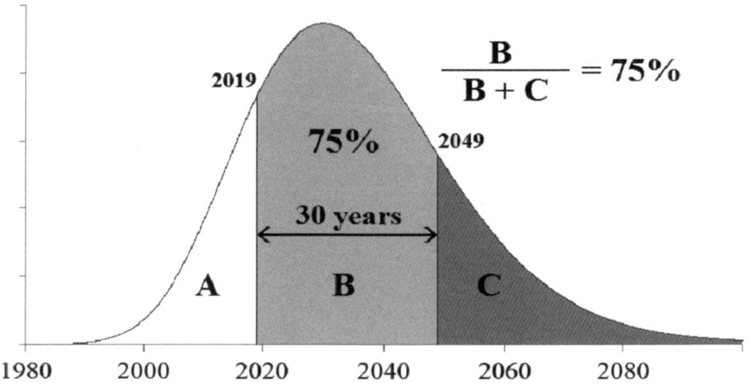

BPT分布に基ずく南海トラフ巨大地震の予測。2019年から30年以内の発生確率

出典：ウィキペディア　南海トラフ巨大地震

南海トラフ地震発生時期（時間予測モデル）

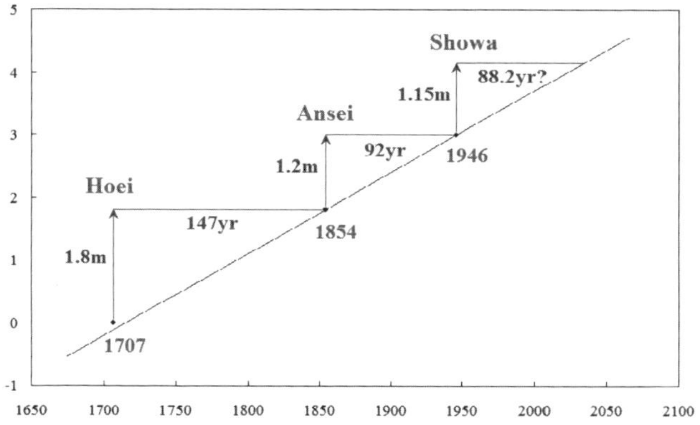

時間予測モデルによる南海トラフ巨大地震の予測。室津港の隆起量：宝永1.8m（推定）、安政1.2m、昭和1.15m隆起。

https://ja.wikipedia.org/wiki/南海トラフ巨大地震

出典：ウィキペディア　南海トラフ巨大地震

南海トラフ地震発生確率

上記「地震本部」のデータを計算しますと

１．地震後経過率

88.2×0.16=14.112

2019+14.112=2033.112年

２．昭和東南海地震

1944+88.2=2032.2年

３．昭和南海地震

1946+88.2=2034.2年

■ 南海トラフ地震発生予測

地震は必ず起こります。地球内部で流動するマントルが地表に近い地殻を動かすという、壮大な地球の活動の結果が地震なのです。
　私たちは、流動するマントルの上という不安定な場所で生きているということを、自覚しなくてはなりません。大陸上ではないのです。

　さて、南海トラフ地震に目を向けてみると、最近の調査ではかなりの周期性が認められるようになってきました。とは言え、時間予測モデルを作成するにはさまざまな批判があることは承知しています。南海トラフ地震のような巨大地震を起こすマントル活動は、100年単位の悠久の活動であり、確実性のない大自然の活動だからです。
　しかし、ある程度の予測を立てなくては対策もできません。ここでは、地震本部が採用している「確率論」がもっとも信頼性があると判断し、今現在、南海トラフ地震が「いつ起こっても不思議ではない」「いつでも可能性がある」と訴えたいです。
　地震本部の「確率論」をまとめた図が、P.24の「正規分布図」になります。
　南海トラフ地震が予測される時期は下図の、Cの2032年から2034年。しかし実際の地震発生は、予測時期から前後に各10年（周期から言うと約1割）程度ずれる可能性があることを常に頭に入れておかなくてはならないと思います。（図のA，B，D，E）
　このように予測のずれを勘案した場合、今の段階ですでに危険な時期に入っていることは事実です。

南海トラフ地震発生時期確率予想図（正規分布の解説図表化）

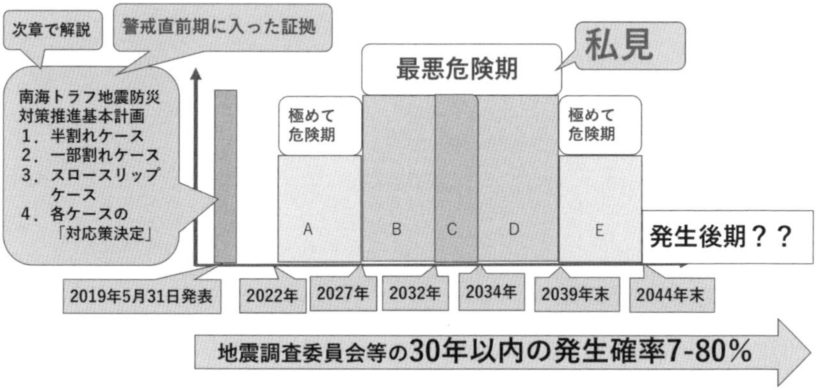

南海トラフ地震の想定外

南海トラフ地震の警戒直前期に入った

（政府の地方公共団体や企業等への指示）

■ 88 年目の大勝負

人生において

８８年目の大勝負が

迫っています。

南海トラフ地震と

ハイパーインフレです。

経済的にも、生き残ろう

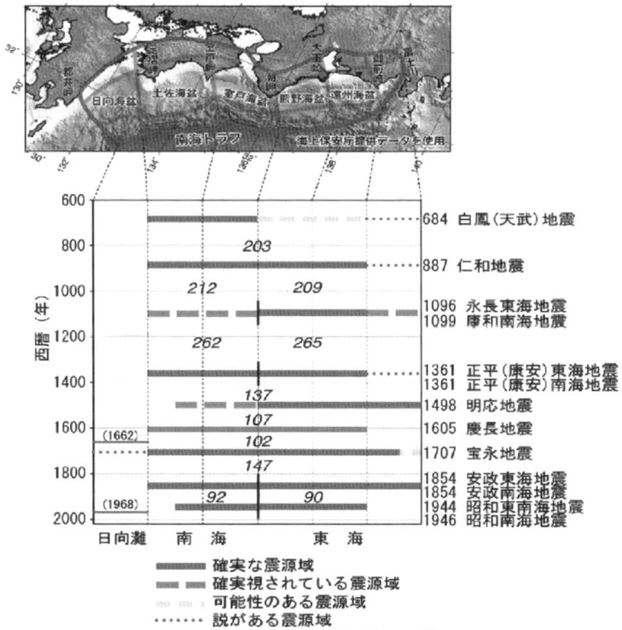

出典：地震本部「将来の地震発生の可能性」

過去の南海トラフ沿い地震

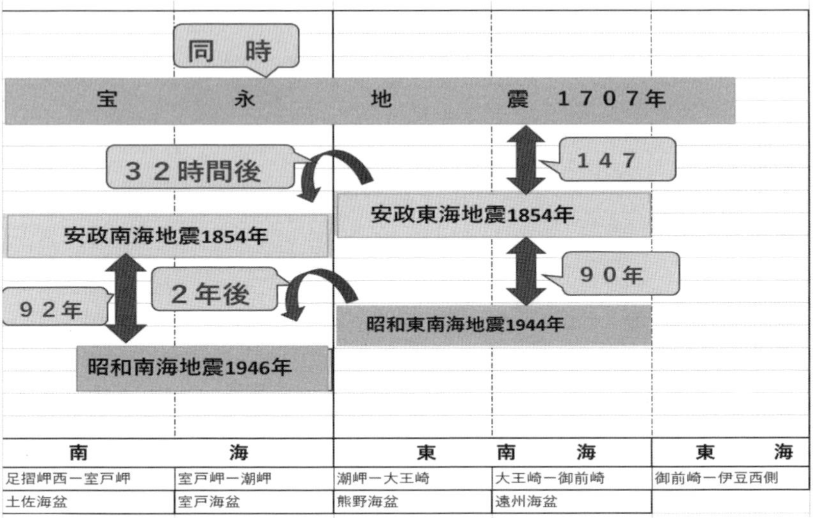

■ 南海トラフ地震の周期性

南海トラフ地震は地球のマントル活動の結果ですから、「詳細図」（P.27 図）のように周期性を持っています。

その最近の3事例を見ると「最近事例図」（上図）のようになります。

宝永地震 1707 年の場合は（東側、西側）同時に発生していますが（同時発生ケース）、安政東海地震 1854 年（東側）の場合は 32 時間後に安政南海地震（西側）が発生しています（東西時間差連動ケース）。そして昭和東南海地震 1944 年（東側）の場合は、2年後に昭和南海地震 1946（西側）年が発生しています（東西時間差連動ケース）。

従って、地震本部※は「将来の南海トラフ地震発生の可能性」（P.24 上図）のように発表しましたが、その結果は P.25 上図のようになっています。これを解説すると、南海トラフ地震発生時期確率予想図（P.26 図）のようになるというわけです。

この地震発生時期確率予想図の A，B，D，E の自然現象のずれを見越して、地震本部も 2019 年 5 月 31 日「南海トラフ地震防災対策推進基本計画」（修正）を発表し、地方公共団体や電力、ガス、鉄道等の企業等にも準備作業に入らせました。企業等にも、というところは重要です。

この発表を受け、気象庁はこれらの情報提供名を「南海トラフ地震臨時情報」

人口の多い都市部というわけではありません。宮城県で人口の多い都市と言えば仙台ですが、仙台の被害は地震の大きさというよりも津波によるものであり、おおよそ震度6程度の揺れでした。

南海トラフ地震では、東日本大震災ではたった1カ所だった震度7を観測する地点が、静岡県以西の太平洋側の都市部150カ所にも上ると想定されています。

人口規模、経済規模から言っても、経済的被害は桁違いになると危惧されます。

「震度7」ヶ所数比較

「平成23年（2011年）東北地方太平洋沖地震」による震度7地域

		震度7
宮城県	1	栗原市

「震度7」が最強の震度です。1．耐震性の低い木造建物は傾くものや、倒れるものが続出します。2．耐震性の高い木造建物でも、まれに傾くことがあります。3．耐震性の低い鉄筋コンクリート造の建物では倒れるものが多くなります。

南海トラフ地震発生時の最大震度7の地域（市町村別最大震度の最大値より）

		震度7	**震度7**	**震度7**	**震度7**	**震度7**	**震度7**	**震度7**
静岡県	14	静岡市	浜松市	島田市	富士市	焼津市	掛川市	藤枝市
		袋井市	湖西市	御前崎市	菊川市	牧之原市	吉田町	森町
愛知県	23	港区	豊橋市	岡崎市	半田市	豊川市	碧南市	刈谷市
		安城市	西尾市	蒲郡市	常滑市	新城市	東海市	知多市
		知立市	高浜市	田原市	飛島村	阿久比町	東浦町	南知多町
		美浜町	武豊町					
三重県	17	津市	伊勢市	松阪市	鈴鹿市	尾鷲市	鳥羽市	熊野市
		志摩市	多気町	明和町	玉城町	度会町	大紀町	南伊勢町
		紀北町	御浜町	紀宝町				
兵庫県	2	洲本市	南あわじ市					
和歌山県	20	和歌山市	海南市	有田市	御坊市	田辺市	新宮市	湯浅町
		広川町	美浜町	日高町	由良町	印南町	みなべ町	日高川町
		白浜町	すさみ町	那智勝浦町	太地町	古座川町	串本町	
徳島県	16	徳島市	鳴門市	吉野川市	阿波市	美馬市	三好市	上勝町
		石井町	那賀町	牟岐町	美波町	海陽町	北島町	藍住町
		板野町	上板町					
香川県	3	観音寺市	東かがわ市	三豊市				
愛媛県	7	宇和島市	新居浜市	西条市	大洲市	四国中央市	西予市	東温市
高知県	30	高知市	室戸市	安芸市	南国市	土佐市	須崎市	宿毛市
		土佐清水市	四万十市	香南市	香美市	東洋町	奈半利町	田野町
		安田町	北川村	芸西村	本山町	大豊町	土佐町	いの町
		中土佐町	佐川町	梼原町	日高村	津野町	四万十町	大月町
		三原村	黒潮町					
宮崎県	8	宮崎市	日向市	西都市	高鍋町	新富町	木城町	川南町
		都農町						
県数	**10**							
区市町村数	**140**							

出典：内閣府「防災情報のページ　資料1－6市町村別別最大震度」より

■ 想定外4　津波高

7階建てビルに相当

東北大震災では「津波高」２０ｍ以上は
富岡町　「１ヶ所」で「２１．１ｍ」

想定外

南海トラフ地震の「津波高」２０ｍ以上の
予想地域は「**２２ヶ所**」で
最大は３４ｍ予想

被害地域数も規模も桁違い

津波高20ｍ以上の市町村数比較

7階建てビルに相当

東日本大震災の津波高２０ｍ以上の地域

http://honkawa2.sakura.ne.jp/4363b.html			津波高
福島県	1	富岡町	21.1
（岩手県）		（大船渡市）	16.7
（福島県）		（双葉町）	16.5
（岩手県）		（陸前高田市）	15.8
（福島県）		（福島第一原発）	13.1
（福島県）		（福島第二原発）	9.1

東南海トラフ地震、津波高２０ｍ以上予想地域、（最大値）

http://www.bousai.go.jp/jishin/nankai/taisaku/pdf/1_2.pd　より

			津波高
高知県		土佐清水市	34
高知県		幡多郡黒潮町	34
静岡県		下田市	33
東京都（島嶼部）		新島村新島村	31
高知県		高岡郡四万十町	31
三重県		鳥羽市	27
高知県		幡多郡大月町	27
静岡県		賀茂郡南伊豆町	26
三重県		志摩市	26
東京都（島嶼部）		八丈町八丈町	25
高知県		須崎市	25
高知県		宿毛市	25
徳島県		海部郡美波町	24
高知県		室戸市	24
高知県		土佐市	24
三重県		度会郡南伊勢町	22
高知県		四万十市	22
高知県		高岡郡中土佐町	22
愛知県		田原市	22
徳島県		海部郡海陽町	21
愛媛県		西宇和郡伊方町	21
和歌山県		西牟婁郡すさみ町	20
「津波高20ｍ以上」県数	8		
「津波高20ｍ以上」市町村数	22		

出典：内閣府防災情報のページ　資料１－２「市町村別ケース別最大津波高」より

■ 想定外５　津波がすぐに来る

東北大震災では津波の**到達時間**はほとんどの所が
「３０分」以降でした。

想定外

南海トラフ地震の津波はすぐ来ます
早い所では「２－３分」
３０分以内に来る所は「３１ヶ所」もあります。

東日本大震災では、ほとんどの場合30分以上経過してから津波が到達しました。つまり、震源域が「遠かった」ということです。

しかし南海トラフ地震の場合、「震源域が陸地の隣接地である」ため、もっと早く津波が来ると予想されています。５分以内の到達予想が10ケ所もあり、もっとも到達が早いと予想される和歌山県串本町の場合は、たったの２分です。

まさに、あっという間に津波被害を受けてしまうと考えられます。

そのうえ、地震は超巨大。大変な被害がもたらされることは、想像に難くありません。

南海トラフ地震		
津波高と到達時間		
	津波高	
	メートル	到達時間
黒潮町	34	８分
土佐清水市	34	４分
下田市	33	１３分
新島村	31	１２分
志摩市	26	６分
須崎市	25	１５分
宿毛市	25	８分
美波町	24	１２分
室戸市	24	３分
浜岡原発	19	５分
豊橋市	19	９分
串本町	18	２分
尾鷲市	17	４分
大島町	16	２０分
浜松市	16	５分
御坊市	16	１５分
高知市	16	１６分
宮崎市	16	１８分
佐伯市	15	１８分
日向市	15	１８分
新宮市	14	４分
延岡市	14	１８分
日南市	14	１６分
静岡市	13	４分
宇和島市	13	２９分
屋久島町	13	３９分
磐田市	12	５分
館山市	11	３１分
西之表市	11	２８分
鎌倉市	10	３４分
伊東市	10	１９分
沼津市	10	４分
肝付町	10	２８分
銚子市	9	１時間１３分
いすみ市	9	５０分
南あわじ市	9	３９分
大分市	9	４７分
鴨川市	8	３９分
和歌山県	8	４６分
津市	7	１時間０６分
徳島市	7	４４分
志布志市	7	３６分
勝浦市	6	４１分
名古屋市	5	１時間４２分
大阪市	5	１時間５０分
山口市	5	２時間１３分
薩摩川内	5	１時間３４分

出典：朝日新聞デジタル「南海トラフ地震の被害想定」

■ 想定外6　災害トリアージが実行される

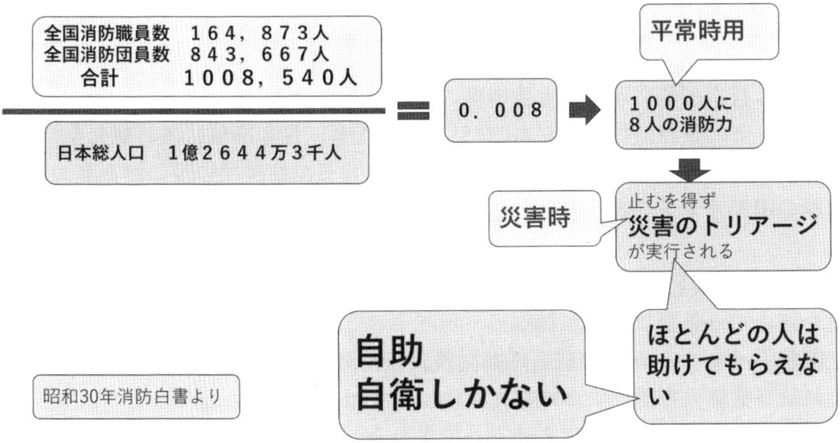

出典：平成30年版消防白書

■ 想定外7　天災＋人災で超巨大化

南海トラフ地震は天災です。しかし、未曽有のハイパーインフレという名の人災も連動して引き起こされ、超巨大連動災害になることが予想されます。

超巨大地震の被害。これはもちろん甚大なものになりますが、それだけなら「日本の浮沈に係る大問題」までに発展することはないでしょう。

地震と連動して超巨大ハイパーインフレが起こり、戦後のハイパーインフレに匹敵するほどに日本国民の経済生命が脅かされるからこそ、私は本書でその危機を訴えようと考えました。

未曽有の大地震と超巨大経済危機しかも「不意打ち型」。いまだかつてないほどの猛烈な被害を受けるわけです。その中で、いかに経済的、経営的、家計的に生き残るか、経済的命、経営的命、家計的命を守るかをメインテーマに語っていきます。

もちろん、何を信じるかは人それぞれなので、そんな危機はあり得ないと考える方もいるでしょう。しかしそうした考えでいれば、残念ながら未来の平穏な暮らしを守ることは絶対にできません。

それに気づいていただきたいので、私は声を上げていきたいです。

私が危惧しているハイパーインフレ、その主役は超借金大国の日本国債です。

震対策の両方の対策が必要です。

また、課税当局が差益に課税して、首都直下地震への備え等の資金が目減りする可能性もあります。

合計被害図「南海トラフ地震＋ハイパーインフレ被害」

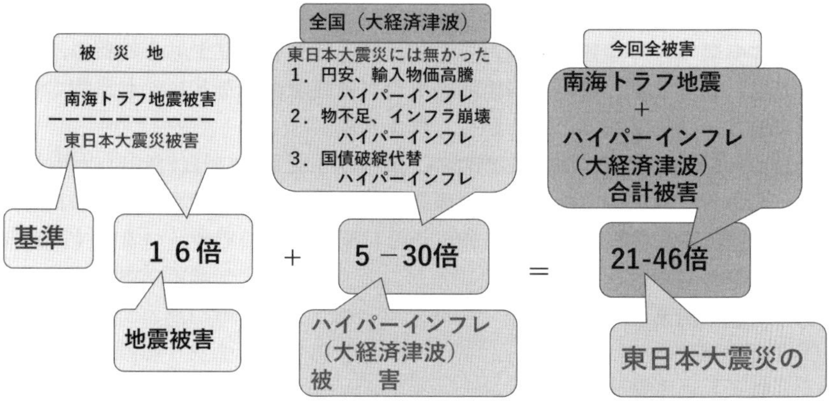

「南海トラフ地震＋ハイパーインフレ被害」と首都直下地震

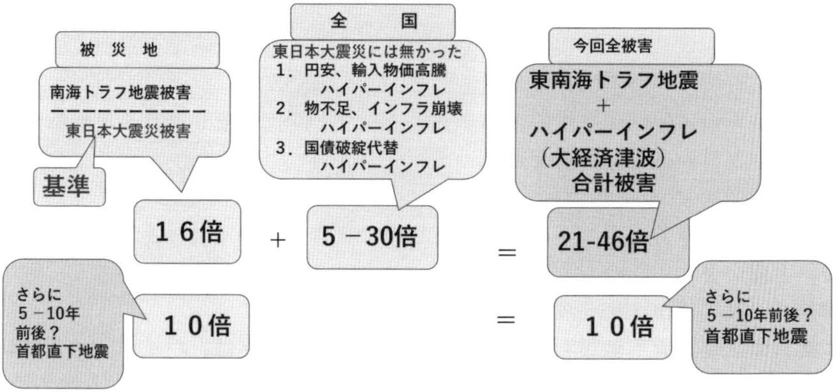

■ 想定外９　北海道、東北、北陸、山陰も被災地

関東地方だけではありません。北海道、東北、北陸、山陰に住む人々にも、連動被害でハイパーインフレという名の大経済津波が襲うでしょう。

そして、そんな危機に気づかず、自分の住む地域には関係ないという圏外意識を持ってしまっている点も同様でしょう。

南海トラフ地震は、あまり関係ない。遠いし、政府もマスコミも何も言っていないと思うのは無理ないですが、その方々は「不意打ち」被害に合われます。いざ災害に見舞われた時には「想定外だった」と無一文になってもいいのでしょうか？　東日本大震災から、何も学ばなかったのでしょうか。

地域的に南海トラフ地震では大きな被害を受けることはないと思っている皆さんには、ハイパーインフレの脅威にぜひ気づいていただきたいです。

そして、本書でその対策を知っていただき、家族、友人知人、その他大切な人々に広めてほしいのです。日本中がハイパーインフレで大打撃を受けるその時、本書を読んでいたかどうかで運命は分かれます。

今は関係ないと思っていても、実は大変な危機に瀕していることを自覚して本書の対策を広めれば、大切な人たちを救えるのです。

合計被害図「南海トラフ地震＋ハイパーインフレ被害」

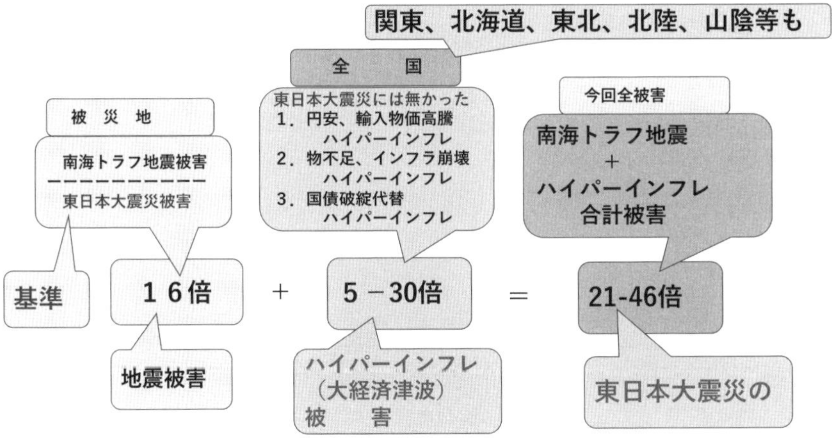

■ 想定外10　防災パラダイムシフト時代が始まっている

超大型台風、100年に一度の豪雨が毎年発生、洪水、米国、オーストラリア等の山火事等の気候変動が相次ぎ、2020年11月20に、「気候非常事態宣言」が国会決議されました。

このような環境課題を抱える中、世界は新型コロナウイルスの脅威にもさらされています。私たちは、大変厳しい時代を生きているのです。

さらに南海トラフ地震と連動ハイパーインフレがやってくれば、戦後に戻りかねない大惨事となることは必定です。

ハイパーインフレは3～5年もかけて、険しい上り坂をゼイゼイ息を切らせながら上るような苦しみをもたらします。そして、楽な帰り道はないのです。

加えて怖いのは、首都直下地震も「今後30年で70%の確率」で起こると政府の地震調査委員会が2014年に発表していることです。つまり、南海トラフ地震の遅くとも9-11年以内、すなわち連動ハイパーインフレの階段を上り終えた4～8年以内には、首都直下地震が起こる可能性が高いということです。

従って、もうすでに、防災への意識を劇的に変化させなければならない「防災パラダイムシフト」の時代に入っています。

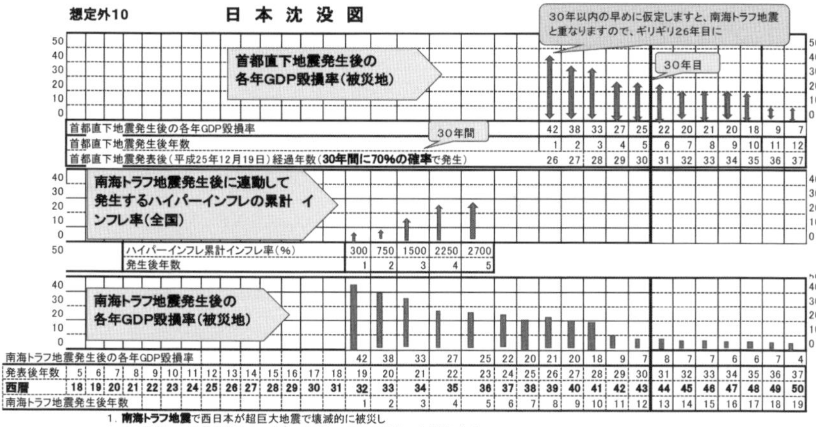

1. **南海トラフ地震**で西日本が超巨大地震で壊滅的に被災し
2. その南海トラフ地震の連動で**ハイパーインフレ**で日本中がパニック状態になり、
3. 上記の2ヶの大災害から立ち直り切らない間に、**首都直下地震**で日本の首都が壊滅状態になりそうです。眞に**「日本沈没」**です。
5. 特に首都直下地震の30年間に70%の確率が気にかかります、**無理に30年間に入れよう**とすると**南海トラフ地震**や**ハイパーインフレ**に**重なってしまい**ます。30年間に**70%の確率を正規分布**に当てはめると当然に**南海トラフ地震に重なってしまう確率が高まります。**
もっと申し上げれば首都直下地震の前例と成っている8ヶの地震の**平均周期は27.5年**です、すると**もっと間隔が狭くな**ります。
ですから、止むを得ず上図では26年目に発生と仮定しましたが、**額面通りですとかなり重なって**しまいます。
6. 首都直下地震は南海トラフ地震や東北大震災のM9.0と比べやや小さいので**頻度が短く発生**しますので、**発生確率が上が**り、日程がタイトに成りますので、猛烈に心配です。勿論、**直下**ですので、**被害は甚大**です。

7.又、首都直下地震は公式には30年間に70%ですが、実は**もっと古い事例**からは**2020年が該当年**と言う説もあり、そうなれば、眞に「日本沈没」です。
8.ただ、南海トラフ地震の方は2019年5月31日に政府が「半なり」等の場合には**総理大臣が1週間の退避命令**を出す、等の**具体的防災行動**を取るよう、地方公共団体や企業等に指示していますので、自然相手の予想で、**時間誤差**はかなり有り得ると思いますが、それなりに国民としては学者さんや政府を**人的な予兆**と見ざるを得ません。逆に言うと、かなり日程面では学者さんや政府の日程は現代科学では**尊重されるべき**ものと思います。
9. しかしながら、首都直下地震の方の日程は本来は**平均発生頻度が27.5年と短い**にもかかわらず、**政府の具体的防災行動の予兆**が見えて来ていません。筆者の見逃しかもしれませんが、政府の行動なら新聞やテレビには報道されると思いますが、心配です。
10.いずれにせよ、正規分布的に考えますと、「日本沈没図」のように**30年確率のほぼ真ん中に**南海トラフ地震が来ている以上、**首都直下地震**がその**前後の近接に来そうな確率が高い**と読者の皆様も思われませんか。眞に**「日本沈没」**です。
11. 勿論、正規分布で考えますと、**同じ30年間**にと、言う表現ですが、南海トラフ地震は**88年目の確率**であり、首都直下地震は**27.5年平均周期**ですので、同じ学者さんや政府の同じ**「30」でも内容が違い**ます。
12. 読者の皆さん、本書の提案をご参考に、**「経済的生命」**を守ろうではありませんか。
13.上記の図の「地震発生後の各年GDP毀損率」は**土木学会さん**の阪神淡路大震災の研究事例を採用させて頂きました
すなわち、地震後の何年目に被災地のGDPがどの程度減少しているかを表しています。

■ 想定外 11　事後の生き残り計画が分岐点、
または生き残った後の生き残り方がポイント

人命は大切です。多くの書物やテレビなどの災害の報道や記録においても、人命中心に語られるものが多いです。

それに異を唱えるつもりはありませんが、それらの多くの本やテレビは経済的な命、経済的生命を守るということを意識していないように思います。だから、経済的命の事前防災や事後のレジリエンスについてはほとんど触れていません。

とりわけ、南海トラフ地震に連動するハイパーインフレについては、戦後最大の経済的巨大災害となるはずなのに、「事前には、いかに経済的生命を守る備えをするか。事後には、いかにレジリエンスしていくか」という議論が皆無です。

こうした状況では、「備えた者が勝者」になります。本書では、それを読者の皆さんと一緒に考え、提案していきます。

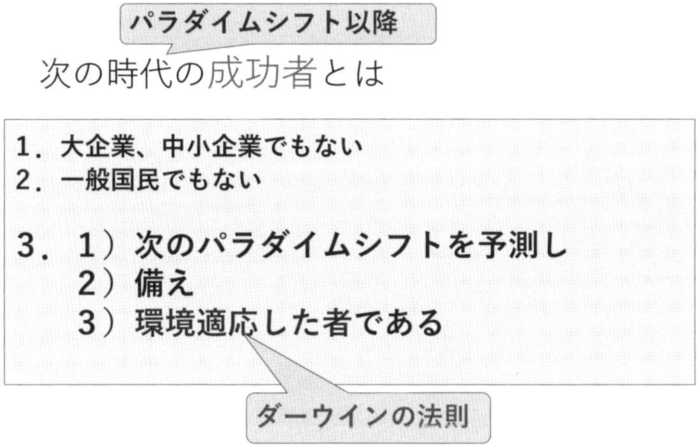

「超巨大双子災害時代」の生き残りの成功法則

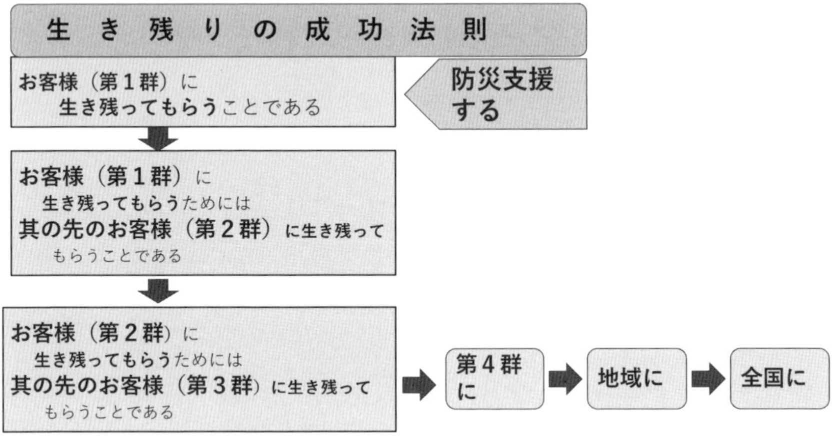

■ 想定外12　十進法ではなんと512倍！

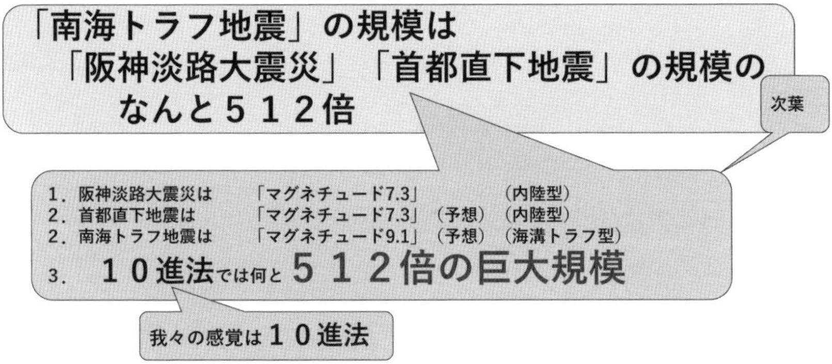

地震の規模（全体の規模のこと。自分の場所の揺れの強さではない）は、マグネチュードで表示されます。

我々のような素人には、阪神淡路大震災や首都直下地震の予想マグネチュード7.3と、南海トラフ地震の予想マグネチュード9.1では、その規模の違いがあまり感じられません。7.3と9.1で、そんなに差があるのかな？と思います。

しかし、通常マグネチュードは「対数」で表されることに意識を向けてみると、マグネチュード7.3（対数）に対してマグネチュード7.5（対数）は10進法では2倍、マグネチュード7.7（対数）で4倍、南海トラフ地震の予想マグネチュード 9.1 となると 10 進法では「512 倍」にもなるのです！

震え上がるほど巨大ではありませんか？　その上、東日本大震災に比べて「至近距離」であると考えられます。

ただし、巨大地震でも震源域からの「近さ、遠さ、地盤の強さ等」によって、揺れ方や感じ方は大きく違います。それはマグネチュードではなく「震度」です。

十進法とマグネチュード比較表

マグネチュート比較表(対数)

(肌感覚の地震規模比較表、10進法比較表)

マグネチュート	阪神大震災比較表倍率表		関東大震災比較表倍率表	マグネチュート	阪神大震災比較表倍率表		大坂北部比較表倍率表
10	16384		2048	10.1	16,384		1048576
9.8	8192		1024	9.9	8,192		524288
9.6	4096		512	9.7	4,096		262144
9.4	2048		256	9.5	2,048		131072
9.2	1024		128	9.3	1,024		65536
9	512	**東日本大震災**	64	9.1	512	**南海トラフ最大予想**、2004年スマトラ沖地震	32768
8.8	256		32	8.9	256		16384
8.6	128		16	8.7	128		8192
8.4	64	1854 年 11 月 4 日に安政東海地震	8	8.5	64	1703年元禄関東地震	4096
		翌 5 日に安政南海地 震	4	8.3	32		2048
8.2	32		2	8.1	16		1024
8	16		1	7.9	8	**大正12年関東大震災、M7.9,M7.2,M7.3**	512
7.8	8			7.7	4		256
7.6	4			7.5	2		128
7.4	2			7.3	1	**阪神大震災、2013有識者会議、首都直下地震予想**	64
7.2	1	**阪神大震災**				**熊本地震**	
7				7.1			32
6.8				6.9		1855 年 10 月 2 日に安政江戸地震が	16
6.6				6.7			8
6.4				6.5			4
6.2				6.3			2
6				6.1		**大阪北部地震**	1

注1．地震の文献を調べていますと、マグネチュード表示が0.1程度違っている場合がしばしば有ります。
マグネチュードでは0.1の違いでも、本文に記載の通り、10進法ではかなり大きな違いになりますので、
地震学者の皆様には笑われてしまいますが、可笑しな比較図にはなりますが、奇数と偶数のマグネチュード表記にしました。
その意味で、この表では肌感覚で10進法とマグネチュード表記の違いが分かって頂きたい、のが主旨です。

■ 想定外 13　地震保険

主旨：我々は災害に対しては、「リスク管理」で、保険を検討しますので、「地震リスク」に対する地震保険を検証します。

民間地震保険１

1．対象
- **1）個人住宅が対象**
- 2）液状化現象に対して効く
- **3）オフィス系は除く**
- **4）地震の時の火災は地震の被害**
  - 地震保険の管轄（火災保険では下りない、制限がきつい）

2．目的
- **1）建物再建が目的ではなく地震の時の生活支援金**
  - 義援金的なもの

3．加入
- **1）火災保険とセットでないと入れない**
- **2）火災保険の２分の１までしか掛けれない**

びっくり仰天、想定外

出典：民間保険会社パンフレット＋ヒヤリング

民間地震保険２

4．保険金上限
- 建物５０００万円まで
- 家財１０００万円まで

5．時価
- **損害した金額（再築価格ではない）**しか支払われない
  - ランクに応じて
- 結果：**築数十年の建物（償却済）は地震保険の意味が無いです。**

6．**政府保証**ですので、原則各社同じ

7．オフィス系は加入できません。

大注意

8．保険料
- 地域により違います。

9．割引
- 耐震性に基づいて割引があります。
- 長期加入割引があります。

出典：民間保険会社パンフレット＋ヒヤリング

民間地震保険３

火災保険２０００万円加入の場合
1.保険金
１）全損　１０００万円
２）大半損　６００万円
焼失、流失した床面積50-70%
損害が建物の時価額の50-70%
3)小半損　３００万円
焼失、流失した床面積20-40%
損害が建物の時価額の20-40%
4)一部損　50万円
建物の時価の3%-20%の被害
５）東日本大震災の時でさえ被災した人の７割が一部損壊（50万円）
６）家を再建するほどの保険金は到底出ません。
７）要するにリターンが合いません、
他の生保、自動車保険、火保に比べて

びっくり

びっくり

出典：民間保険会社パンフレット＋ヒヤリング

建物更生共済（農協）１

１．目的
１）建物の修理、損害補償等
２）地震保険部分は**火災保険部分の半分**ながら
２．対象
１）**個人**所有建物（**住宅系**）
２）**法人所有建物**
事業用建物もOK（店舗、事務所等）
３）掛け率は異なる
３．保険料率
全国一律

素晴らしい

出典：建物更生共済パンフレット＋ヒヤリング

建物更生共済（農協）２

4．損害の額
　1）残存価格の割合が５０％以上の場合又は実損てん補特約を付加している場合は「**復旧に要する額**」
　2）残存価格の割合が５０％未満の場合は
　「復旧に要する金額×残存価格の割合」
再取得価格とのこと
5．共済期間
　５年、１０年、２０年、３０年
6．満期共済金
　1）補償期間が満了すると満期共済金が返ってくる
　2）満期共済金部分は掛捨てではない、
　3）従ってこの満期共済金の比率により掛金が上下する

出典：建物更生共済パンフレット＋ヒヤリング

建物更生共済（農協）３

地震共済部分
1．火災共済等による保障額の２分の１までが限度
2．地震共済金
　限度額　**損害の額×５０％**
再取得価格による見積　**民間地震保険より有利**
3．地震等によって生じた津波、火災、破裂、爆発も含む

出典：建物更生共済パンフレット＋ヒヤリング

地震保険が補償する地震災害は、集団的大規模災害です。一方、普通の火災保険や自動車保険、生命保険等は個別的災害です。

たとえば、自宅等が火災に遭う確率はかなり低く、一生火災を経験しない人々がほとんどです。すると大数の法則（サンプルの数を増やすことで一定の法則を見出す）が働き、確率論で保険料を設定することができるため、保険商品はビジネスとして成り立ちます。

しかしながら、地震は地域一体が集団的に大変な被害を受けます。そのため保険会社としては儲からないどころか、破綻しかねません。

だから地震保険という商品そのものが、なかなか誕生しませんでした。しかし聞いたところによると、1964年に発生した新潟地震の際に、時の大蔵大臣・田中角栄が自身の地元である新潟の「被災者の皆さんがあまりにも気の毒」だ

と、地震保険の必要性を主張したそうです。
そのおかげで、政府が保険会社に働きかけて、民間の地震保険ができたとのことです。そのため、政府が再保険（保険会社が保険契約に基づく保険金支払い責任の一部を他に転嫁する仕組みのこと）を引き受けており、民間の地震保険は基本的にはすべて同じ内容となっています。
つまり保険の目的は、地震の被害建物の再築ではなく、単なる被災者の生活の支援「見舞金」です。基本的には、住宅には適用されるものの、ビジネス関連の建物は対象にはなっていません。
そして、保険金限度額も火災保険の２分の１以内。とても十分な内容とは言えません。東日本大震災の時でさえ、被災した人の７割が「住宅一部損壊」と認定されて、保険金はたったの50万円でした。
結論としては、あまりお勧めできない保険ということになります。

次に農協の建物更生共済は、農業というビジネスの再生の一環としての仕組みのようで、住宅用だけでなく、農業用はもちろん中小企業のビジネス目的の建物も会社所有の物件も加入できるため、素晴らしいです。
ただ、巨大地震被害によって共済が破産してはいけないので、地震共済部分は火災共済部分の２分の１になっています。とは言え、「再取得価格×損害割合等」で計算され、民間の地震保険に比べればそれなりに良心的だと思います。

以上のことから、三つの結論を導き出しました。

1. 民間の地震保険は、地震保険という名目の「被災者の生活支援」であり、建物の修復等が目的ではないため、あまりお勧めできません。

2. 農協の建物更生共済は、建物の損害を補償するのが目的であるため、住宅だけでなく中小企業の利用も可能であり、かなり優秀です。

3. ただし、補償される修復費は半分程度なので、まだまだ少ないです。お勧めするとは言え、地元の農協等に相談して、納得のいく共済にご加入ください。

地震保険結論

1．「**南海トラフ地震地域**も**首都直下地震地域**も」
2．**地震**による「**修復費**」は
　　1）民間地震保険（住宅用）　ほぼゼロ（見舞金程度）
　　2）民間地震保険（事業用）　ありません
　　3）農協建物更生共済（住宅、事業用）　**ほぼ半分程度**
3．**「再築費」**は**何れも「出ない」**
4．**巨大地震**に対しては**ほとんどの国民、会社**は「**丸裸**」

「自衛」し、本書の提案で「経済的命」も
「一緒に生き残ろう」ではありませんか

■ 想定外14　日本の家庭の９割が崩壊

次のページ上段の資料（日本銀行調査統計局、2020、8.21）で日本の家計の金融資産構成を見ると、現金預金比率が54.2％で、保険・年金・定型保証が28.4％。この合計54.2％＋28.4％＝82.6％が固定型資産です。

約８割というところで、残りの約２割は株式や投資信託です。しかしこれは、日本全国の平均で、株式や投資信託をたくさん持っているご家庭が割合を２割にまで押し上げているだけなので、ほとんどのご家庭は実際には株式、投資信託等をあまり持っていません。つまり、実質９割のご家庭が固定型資産ばかりなのです。

そのため、南海トラフ地震により発生する巨大令和ハイパーインフレによって、発生後2－３年で、家庭資産価値が５分の１、10分の１になり、９割のご家庭が破産状態になることが予想されます。恐ろしいです。

家庭資産の崩壊により、同時に大不況となってGDPが猛烈に下がるので、ものすごい数の倒産等が発生すると予想されます。

そんな中で、倒産を免れた企業に雇用されている会社員等の家計ならば勤労収入によりやりくりできるでしょうが、雇用されない皆さんや年金生活者の皆さんの家計は大変悲惨な状態になるでしょう。

本書の出版目的は、実はこれらの状況を防ぐためなのです。

図表2　家計の金融資産構成

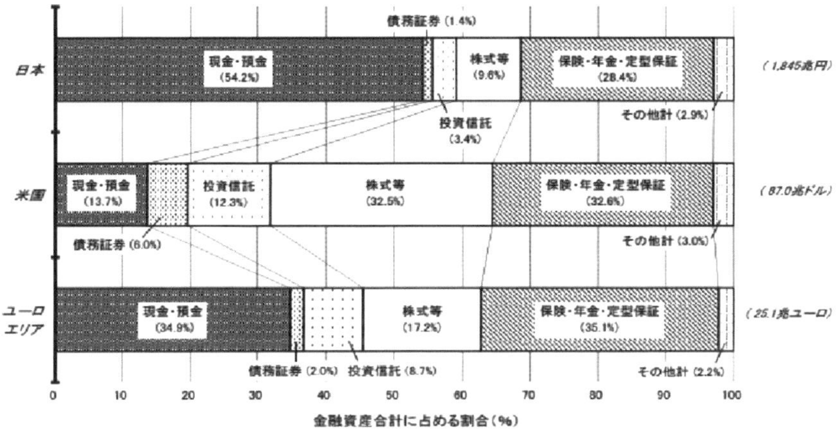

*「その他計」は、金融資産合計から、「現金・預金」、「債務証券」、「投資信託」、「株式等」、「保険・年金・定型保証」を控除した残差。

出典：資金循環の日米欧比較、日本銀行調査統計局　2020.8.21

合計被害図「南海トラフ地震＋ハイパーインフレ被害」

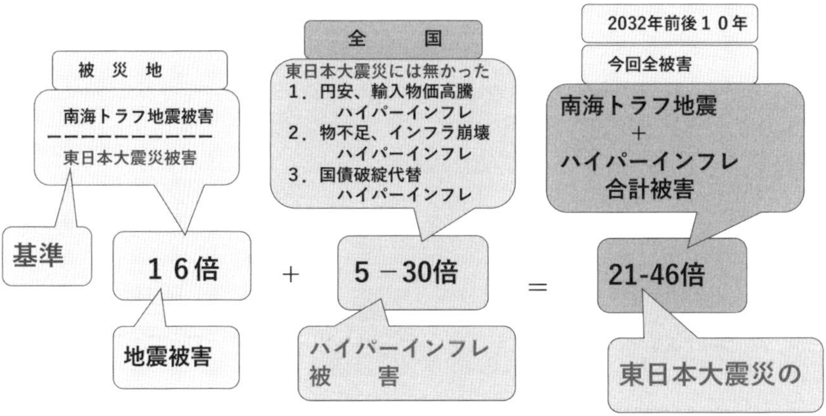

第2章
もうひとつの恐ろしい災害

日本の財政の現状

■ プライマリーバランスとは

財政のあるべき姿とは

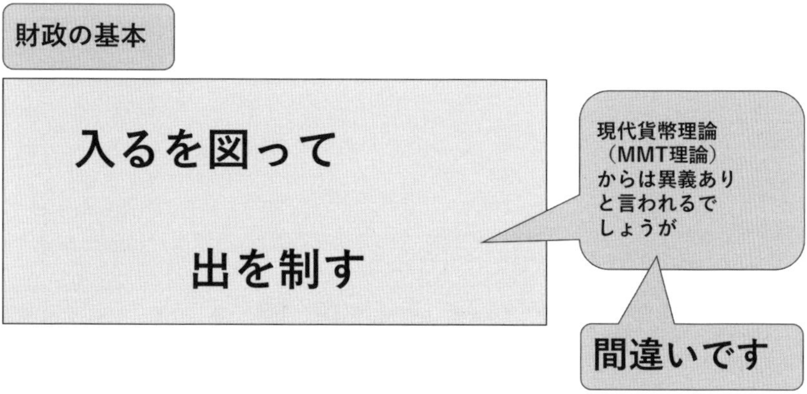

プライマリーバランスとは、基礎的財政収支のことで、次の式で割り出した数字のバランスになります。

「①通常の財政収入」－「②通常の財政支出」

「①通常の財政収入」は、国債による借金収入を除いた税収、税外収入等。そして「②通常支出」は、国債の償還や国債の利払いを除いた地方交付税交付金、社会保障費、公共事業費、防衛費等です。

本来は①－②はプラスかゼロ（会社の損益計算書がプラスの状態）でなければなりませんが、近年の日本財政は赤字で、このプライマリーバランスが毎年マイナスになっています。

なんと、平均で１２兆円も毎年借金が増加しています。その額は、日本中の企業が収める法人税の総額とほぼ同じ金額！　それだけの借金が増加しているとは、恐ろしいですね。

日本国債の割合と増加額、率

借金借換額

純借金増加額

連続、毎年１５％
もの借金大国

単位：兆円

年度	歳入総額	対前年歳入増加	公債費収入借金額	公債費割合借金率	プライマリーバランス純借金増加額	対歳入純借金増加割合
平成２４年度歳入	90.3333			％		％
平成２５年度歳入	106.0446	15.7113	43.4545	40.9	−22.161	20.898
平成２６年度歳入	95.8823	−10.1623	41.25	43.0	−17.980	18.752
平成２７年度歳入	102.1753	6.2930	34.9182	34.2	−12.455	12.1890
平成２８年度歳入	102.7740	0.5987	38.0345	37.0	−15.949	15.5185
平成２９年度歳入	103.6440	0.87	33.5545	32.4	−11.0337	10.6457
平成３０年度歳入	105.6974	2.0534	34.3953	32.5	−11.8667	11.2271
令和元年度歳入	109.1623	3.4649	36.5818	33.5	−14.2961	13.0411
合計			262.1888	253.5	−105.741	102.2714
平均増加額			**37.4555**	**36.2143**	**−15.1059**	**14.6102**

国及び地方の長期債務残高

1．令和元年度末の普通国債残高は**897兆円予定**

2．国及び地方の長期債務残高、令和元年度末
＝**普通国債残高**以外にも**借入金**や**地方債務残高**
などの長期債務が存在します

国　　　　９２８兆円
地方　　　１９４兆円
－－－－－－－－－－－－－－
合計　　　**１１２２兆円**

令和４年度末
国債発行残高予想
１００９.１兆円
コロナ禍で増加
財務省令和３年１月試算

出典：財務省 2021 年 1 月試算 2022 年度末の国債発行残商 1009.1 兆円コロナ禍で増加

■ 通貨発行権（伝家の宝刀）

企業や家計の「借金」は、他人から借りたものなので返さねばなりません。「国債」も借金ですから、返さなければなりませんが、国家だけは「特別権」を持っています。それが「通貨発行権」（伝家の宝刀）です。

国は自国通貨の発行権を持っています。日本の場合、日本国内で通用する「円」の発行権になります。

通常は、次の条件があれば通貨を発行できます。

1）国民が「自国通貨」を信頼していること
2）国の大きさがある程度あること

「円」を印刷してどんどん増やし、それで借金を返せばいいのです。国民が信頼して「円」を受け取ってくれる間は、このからくりはうまくいきます。コストはほぼゼロで済みます。

また、多少プライマリーバランスが赤字でも、国民が信頼して「円」を使ってくれる間は大丈夫です。これが、MMT 理論の根拠になっています。

P.59（下図）で示した通り、「国及び地方の長期債務残高」のように国が「借金まみれ」でも「潰れない」理由。それは、政府が、「赤字財政」でも「円」を増発して、赤字の「資金繰り」を続けているからです。

つまり、プライマリーバランスが赤字でハイパーインフレになるべきところなのに、なっていないのです。

日本では、

1）GDP や予算に対して「ちびちび借金を増発」している
2）デフレ経済である
3）国民がまだ「円」を信頼？している

以上のことから、現状「借金財政」が続けられています。

この状況は、火薬庫の上で安眠しているようなものです。日本国民は、早く目を覚まさなくてはなりません。

■ 国債（巨大借金）は財政論等で倒せますか？

大きな借金となっていくばかりの国債は、財政論等で是正できるでしょうか。

それは、無理だと思います。
ものすごい借金なので、理論的には是正すべき方向に国が動くはずですが、それができない理由があります。

1. 政府与党は、自分たちの実行していること（借金財政、資金繰財政）が間違っているとは、絶対に言わないから。
2. 通貨発行権を行使して「円」を印刷して増やせば、いくらでも返済できると信じているから。（MMT 理論）
3. 国立大学の先生方は自分の首が飛ぶから、知らないふりをしているから

こうした理由を、国は口が裂けても言わないでしょう。だからこそ、我々は自分たちで気づく必要があるのです。

巨大災害でハイパーインフレ

■ 地方公共団体

1. 地方公共団体は不景気で、税収が伸びず、勿論、ハイパーインフレの上昇にもついていけず、他方、ハイパーインフレによって、支出は人件費を始め、各経費が大幅に値上がりしますので、大ピンチになると思います。
2. 南海トラフ地震被災地の地方公共団体では、地震で壊れた施設やインフラの復旧や避難住民支援等々支出は目の玉が飛び出るほど増加しますので、大大ピンチとなり、災害とハイパーインフレ「トリアージ」が起きると思います

■ 現状の「借金財政」が破綻することはあるか

「借金財政」は破綻ではなく、変形します。
つまり、南海トラフ地震または首都直下型地震が連動すると
1）「物資不足インフラ崩壊ハイパーインフレ」が始まり、ヘッジファンドと国家ファンド（中国、ロシア、北朝鮮等）が「円」の空売りを始めて「円」は暴落
2）「円安ハイパーインフレ」が加速
3）「財政破綻代替ハイパーインフレ」が加速

4)「復興ハイパーインフレ」が加速

こうした流れになります。

政府は、完全な預金封鎖まではわかりませんが、かなりきつい引出制限はあると思います。さらに新円切替等々を打ちながら、「新円」等を猛烈に増刷し(ハイパーインフレを引き起こす)、上記合算のハイパーインフレの高止まりを試みるでしょう。

その中で、旧来の国債も段々と償還されていくと思われます。(次ページ表)

超超超巨大ハイパーインフレ

纏めますと、
1. **巨大地震による物不足、インフラ崩壊ハイパーインフレ**
2. **円安ハイパーインフレ**
3. **国債破綻代替ハイパーインフレ**
4. **復興ハイパーインフレ**

の4大ハイパーインフレが合流、合算、増幅した
巨大マンモス化した「**超超超巨大ハイパーインフレ**」
(超超超巨大経済津波)が　**日本全土**を襲います

■ ハイパーインフレになった時、誰が一番得をするか?

ハイパーインフレになると、物価はどんどん上昇して、給料等も遅ればせながら上昇します。

一方、借金の元本は固定価格で表示されるので、たとえば10年後に元金100万円を返済される10年国債の場合では、その間にハイパーインフレで物価が500%上昇したとすると、元金100万円は実質20万円に値下がりしていることになります。

結論　国が日本国債(借金)が事実上棒引きされて一番得をします。

つまり、ハイパーインフレになれば、日本一の借金王「国」が一番得をします。

南海トラフ地震発生時の複合合成ハイパーインフレ(例：初年度200%）中の

日本国債破綻代替ハイパーインフレ部分説明図

	スタート	1年後	2年後	3年後	4年後	5年後	6年後
インフレ率（年間）		2	1.6	1.4	1.2	1.1	1.03
累計インフレ率	1	2	3.2	4.48	5.376	5.9136	6.091008
既存　（兆円）　2020年残							
国地方債務目減り後残高	**1200**	**600**	**375**	**267.8571**	**223.2143**	**202.9221**	**197.0117**
仮、新規国債発行＝「南海トラフ地震＋ハイパーインフレ」対策費（兆円）							
各年新規国債発行額と目減り後残高	150	150	93.75	66.96429	55.80357	50.73052	49.25293
各年新規国債発行額と目減り後残高	120		120	85.71429	71.42857	64.93506	63.04375
各年新規国債発行額と目減り後残高	100			100	83.33333	75.75758	73.55104
各年新規国債発行額と目減り後残高	80				80	72.72727	70.609
各年新規国債発行額と目減り後残高	50					50	48.54369
各年新規国債発行額と目減り後残高	30						30
（６年間は償還しないと仮定）							
	530	**150**	**213.75**	**252.6786**	**290.5655**	**314.1504**	**335.0004**
新旧国債合計目減り後残高		750	588.75	520.5357	513.7798	517.0725	532.0121

南海トラフ地震後のハイパーインフレは
右記のような様々なハイパーインフレ要因の複合化合成されたハイパーインフレとなりますが
その複合化され、合成化されたハイパーインフレによって、
日本の巨額の日本国債が破綻することなく、ハイパーインフレ（高物価化と高金利化）として代替され
縮小化され、段々と消えて行くことを表しています。
反対に国民側はハイパーインフレの付け（高物価、高金利、大不況）を払わされます。
従って、本書ではその対策を提案しています。

複合化合成化
ハイパーインフレ率

巨大長期日本国債がハイパーインフレによって破綻することなく、目減り消滅化

一時的短期的「地震とハイパーインフレ」対策用
新規国債発行分

複合化合成化ハイパーインフレ（HI）
1．地震による物不足HI
2．インフラ崩壊HI
3．復興HI
4．円安輸入物価高騰HI
5．日本国債崩壊代替HI
6．少子高齢人手不足HI　　等

金利も段々と上記インフレ率に沿って上昇すると覚悟せねば成りません

南海トラフ地震発生時の複合合成ハイパーインフレ（例：初年度300%）中の

日本国債破綻代替ハイパーインフレ部分説明図

	スタート	1年後	2年後	3年後	4年後	5年後	6年後
インフレ率（年間）		3	2.5	2	1.5	1.2	1.08
累計インフレ率	1	3	7.5	15	22.5	27	29.16
既存　（兆円）　2020年残							
国地方債務目減り後残高	**1200**	**400**	**160**	**80**	**53.33333**	**44.44444**	**41.15226**
仮、新規国債発行＝「南海トラフ地震＋ハイパーインフレ」対策費（兆円）							
各年新規国債発行額と目減り後残高	150	150	60	30	20	16.66667	15.4321
各年新規国債発行額と目減り後残高	120		120	60	40	33.33333	30.8642
各年新規国債発行額と目減り後残高	100			100	66.66667	55.55556	51.44033
各年新規国債発行額と目減り後残高	80				80	66.66667	61.7284
各年新規国債発行額と目減り後残高	50					50	46.2963
各年新規国債発行額と目減り後残高	30						30
（６年間は償還しないと仮定）							
	530	**150**	**180**	**190**	**206.6667**	**222.2222**	**235.7613**
新旧国債合計目減り後残高		550	340	270	260	266.6667	276.9136

南海トラフ地震後のハイパーインフレは
右記のような様々なハイパーインフレ要因の複合化合成されたハイパーインフレとなりますが
その複合化され、合成化されたハイパーインフレによって、
日本の巨額の日本国債が破綻することなく、ハイパーインフレ（高物価化と高金利化）として代替され
縮小化され、段々と消えて行くことを表しています。
反対に国民側はハイパーインフレの付け（高物価、高金利、大不況）を払わされます。
従って、本書ではその対策を提案しています。

複合化合成化
ハイパーインフレ率

巨大長期日本国債がハイパーインフレによって破綻することなく、目減り消滅化

一時的短期的「地震とハイパーインフレ」対策用
新規国債発行分

複合化合成化ハイパーインフレ（HI）
1．地震による物不足HI
2．インフラ崩壊HI
3．復興HI
4．円安輸入物価高騰HI
5．日本国債崩壊代替HI
6．少子高齢人手不足HI　　等

金利も段々と上記インフレ率に沿って上昇すると覚悟せねば成りません

■ ハイパーインフレになった時、誰が一番損をするか？

ハイパーインフレで物価はどんどん上昇します。週初めに100円だったものが、週末には120円になっているようなことがあるのです。

高度のハイパーインフレの場合には、毎日のように値上げされ、今日100円だったものが、翌日には110円になっています。

そのような値動きであれば、今日売るよりも明日売る方が儲かるため、店頭の商品数がどんどん減少していきます。

肝心の給料等は、通常物価より遅れて上昇するでしょう。

従って、給料、年金、現金、預金等が目減りし、物資が不足しますので、生活に大変に苦労します。つまり、国民が一番「損」をすることになります。

■ 結論　日本国債は代替償還される

超巨大借金である日本国債は、南海トラフ地震等によるハイパーインフレ（新円等の大増刷）によって、表面的には償還されるものと推察します。

ただ実際には、これまで説明したとおり、

1）南海トラフ地震等による（物不足）ハイパーインフレ

2）ヘッジファンド・国家ファンド等による急激な「円安」ハイパーインフレ

3）巨額な復興需要ハイパーインフレ

4）新円等の大大増刷（国債借換（代替）を含む）ハイパーインフレ

これらの複合合体巨大化ハイパーインフレによって、内在的に返済（事実上の借金の棒引き）されることになるでしょう。

ハイパーインフレは、種類によって色分けされているわけではないので、1）～4）のどのハイパーインフレで国債が償還されるのかはわかりません。

いずれにせよ、国民の負担が大変なものになることは想像に難くありません。備えた者だけが勝ち残れるのです。

■ 現代貨幣理論（MMT理論）のまちがい

MMT理論では、「政府は将来の支払いに対して非制限的な支払い能力を有している」として、「政府の債務超過による破綻は起こり得ない」という大胆な主張が展開されています。

また、「赤字国債発行の限度はインフレ率によって示される」としており、日本の財政赤字での運用を好例だと例示して、つまりMMT理論は正しいと政府は主張しています。
しかし、短期的な、平時の理論で地震大国でない学者の空論です。

先述したように南海トラフ地震や首都直下地震等の巨大災害時には

１）「物資不足インフラ崩壊ハイパーインフレ」
２）「円安ハイパーインフレ」(円の空売りヘッジファンド、国家ファンドにより)
３）「復興ハイパーインフレ」
４）「国債破綻代替ハイパーインフレ」

上記４種類の巨大複合ハイパーインフレが発生するからです。中でも、４)「国債破綻代替ハイパーインフレ」は、巨大複合ハイパーインフレの主役です。これこそが、自然災害だけでは済まない大災害を私たちにもたらします。
そして、ハイパーインフレ、金利高騰により、MMT 理論は間違いであることが証明されます。

緊急時と平常時に分けて考えてみましょう。
まず緊急時は、たとえば
１）1929 年の世界大恐慌の時のケインズ理論によるルーズベルト大統領のニューディール政策
２）現在の新型コロナウイルス対策
などです。このような時には、一時的な緊急時対策を打つのはやむを得ないでしょう。

しかし、日本の平常時がどういう状況にあるかというと、
１）日本の慢性的巨大赤字国債
２）MMT 理論
の二つの癌に悩まされています。この二つとも、出口がない状態です。このままでは、巨大赤字国債はハイパーインフレの導火線（ヘッジファンドと国家ファンドによる円の空売り）となり、ハイパーインフレの主因となるばかりでなく、ハイパーインフレを加速、巨大化させるでしょう。
南海トラフ地震という自然災害だけなら、インフレは限定的、一時的、より小規模的で済むはずですが、そうはいかない恐ろしい悪夢が待っています。

政府の施策

■ 想定外15－1　借金財政

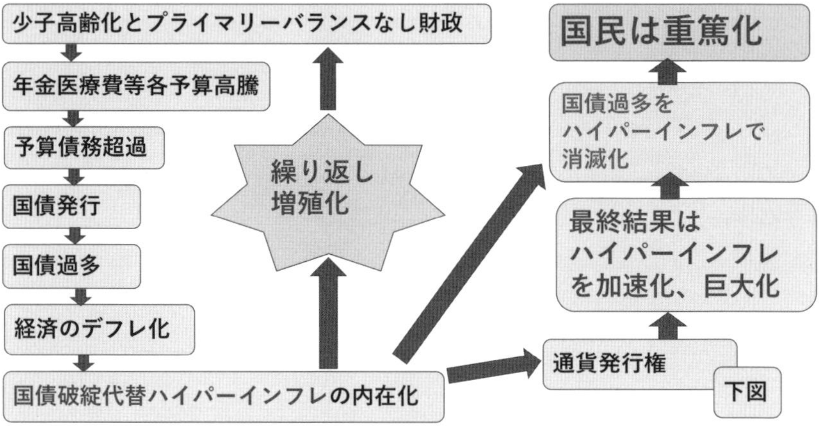

■ 想定外15－2　通貨発行権

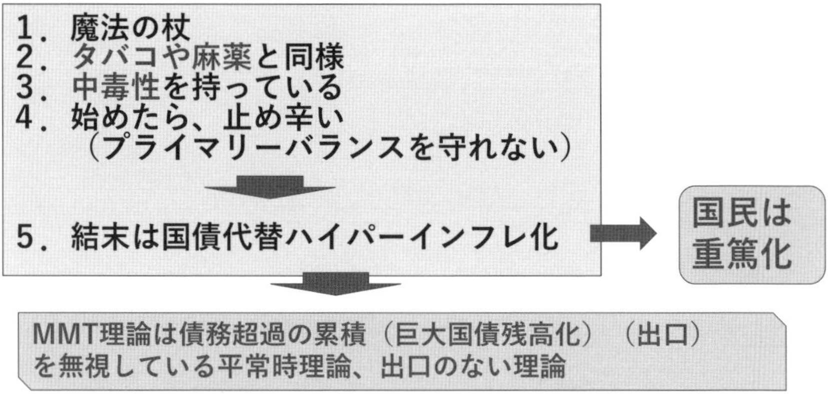

■ 想定外15－3　南海トラフ地震防災対策推進計画

南海トラフ地震の前兆として「半割れ等」が起きた時に備えるようにと、

2019年5月31日に政府が地方公共団体、企業等にも準備指示をしました、

これは、政府内でも南海トラフ地震が公認、共有事項になっていることを示しています。

そうならば、財務省も金融当局も大混乱を予想し、ハイパーインフレについて検討していてもおかしくありません。

政府（特に財務省、金融当局）は、国民には言わないだけでハイパーインフレを大渇望、大要望している、ハイパーインフレの最大受益者です。その最大受益とは、国債の縮小化です。(P.70の橋爪、小林先生の引用：参照)

ただし、本音がそうであっても、政府がハイパーインフレのきっかけとは絶対に言われたくないのです。

そんな政府にとってのチャンス到来！　それが南海トラフ地震（未曾有の大震災）。

大震災による物資不足物価高騰、インフラ崩壊物価高騰、ヘッジファンドと国家ファンドによる円の空売り、円安、輸入物価高騰、人手不足物価高騰、復興需要物価高騰、そのハイパーインフレの発生に乗って（同調して）、日本国債を消化しよう、と思っても無理はありません。

財政、金融のプロなら南海トラフ地震の日、1日以内に気がつくはずです。

■ 想定外15－4　二律背反（政府の立場）

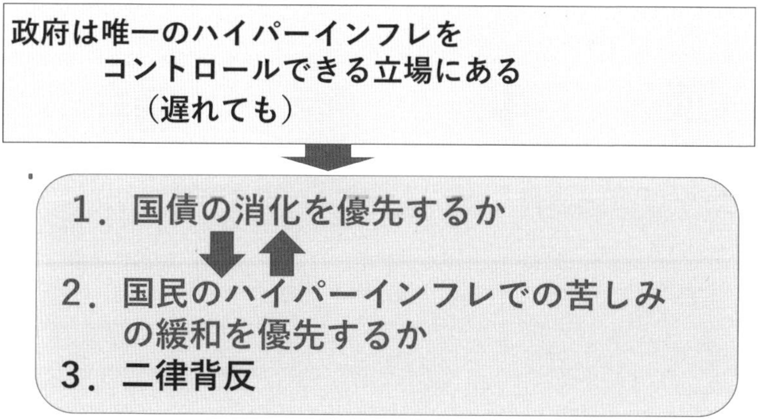

■ 想定外15－5　政府にとって最大のチャンス

この機会を逃すと
国債縮小化のチャンスは
多分見つからない。

↓

1．南海トラフ地震のような巨大な災害は滅多にない
2．他責（地震のせい）にできる
3．政府にとって、最も都合が良い
4．最大の受益者になれる

■ 想定外15－6　万が一ハイパーインフレにならないと

万が一ハイパーインフレにならないと、日本は暗黒のブラックホールに突き進んでいきます。なぜなら、

1．コロナ対策等本当に必要なものを除いて、国債は益々増大、そして膨大化
2．人口減で、国債返済不可能となり、不良債権国となる
3．人口減、国債過多、返済不能、GDPの減少等々、で国力は低下して一人当たり所得も減少
4．優秀な人材の海外流出が始まる

こうした段階を踏んで、世界の最貧国化してしまうからです。

人口が減少していく日本で、日本国債が現在の1000兆円から2000兆円、3000兆円、5000兆円、10000兆円と増えていくことを考えれば、政府としてはハイパーインフレにならないと困るのではないでしょうか。しかし、それは一つの国家の終りと同じだと思います。ガラガラ、ポーンだからです。

南海トラフ地震とハイパーインフレ時の
地域別、年度別GDP毀損率（予想図）

激 甚 被 害 地　　　熊本地域

地震のみの場合　／　**地震＋ハイパーインフレ30％の場合**　／　**地震＋ハイパーインフレ50％の場合**

年目	地震の **GDP毀損率** A	**各年A÷330** B	熊本の 20年間 GDP毀損 額合計 **793万円** 各年GDP 毀損額 793×B D　万円	ハイパー インフレ 5年間 30%＋ 地震のみ **GDP毀損率** S	ハイパー インフレ 5年間 30%＋ 地震の **GDP毀損額** **1037万円** 各年GDP 毀損率 S÷431.5 T	ハイパー インフレ 5年間 30%＋ 地震の **GDP毀損額** **1037万円** 各年GDP 毀損額 T×1037 U　万円	ハイパー インフレ 5年間 50%＋ 地震のみ **GDP毀損率** V	ハイパー インフレ 5年間 50%＋ 地震の **GDP毀損額** **1196万円** 各年GDP 毀損率 V÷497.5 W	ハイパー インフレ 5年間 50%＋ 地震の **GDP毀損額** **1196万円** 各年GDP 毀損額 W×1196 X　万円
1	42	0.127	**100.9**	54.6	0.127	**131.22**	63	0.1266	**151.45**
2	38	0.115	**91.3**	49.4	0.114	**118.72**	57	0.1146	**137.03**
3	33	0.100	**79.3**	42.9	0.099	**103.10**	49.5	0.0995	**119.00**
4	27	0.082	**64.9**	35.1	0.081	**84.35**	40.5	0.0814	**97.36**
5	25	0.076	**60.1**	32.5	0.075	**78.11**	37.5	0.0754	**90.15**
6	22	0.067	52.9	27	0.063	64.89	33	0.0663	79.33
7	20	0.061	48.1	25	0.058	60.08	27	0.0543	64.91
8	21	0.064	50.5	22	0.051	52.87	25	0.0503	60.10
9	20	0.061	48.1	20	0.046	48.06	22	0.0442	52.89
10	18	0.055	43.3	21	0.049	50.47	20	0.0402	48.08
11	9	0.027	21.6	20	0.046	48.06	21	0.0422	50.48
12	7	0.021	16.8	18	0.042	43.26	20	0.0402	48.08
13	8	0.024	19.2	9	0.021	21.63	18	0.0362	43.27
14	7	0.021	16.8	7	0.016	16.82	9	0.0181	21.64
15	7	0.021	16.8	8	0.019	19.23	7	0.0141	16.83
16	6	0.018	14.4	7	0.016	16.82	8	0.0161	19.23
17	6	0.018	14.4	7	0.016	16.82	7	0.0141	16.83
18	7	0.021	16.8	6	0.014	14.42	7	0.0141	16.83
19	4	0.012	9.6	6	0.014	14.42	6	0.0121	14.42
20	3	0.009	7.2	7	0.016	16.82	6	0.0121	14.42
21				4	0.009	9.61	7	0.0141	16.83
22				3	0.007	7.21	4	0.0080	9.62
23							3	0.0060	7.21
	330		**793.0**	**431.5**		**1037.00**	**497.5**		**1196.00**
				2年余分			3年余分		

地域の全員が各々これだけ年間所得が減少することを表しています。

1. この図は「土木学会さんの「国難」をもたらす巨大災害対策についての技術検討報告書」が阪神淡路大震災の被害状況、回復状況を、東南海トラフ地震に適用した場合の想定例をお示しになっていますので、さらにそれに、東南海トラフ地震を起因として、国債破綻代替ハイパーインフレ等のハイパーインフレが5年間発生した場合のGDP毀損率をさらに＋30％増、＋50％増と想定した場合のGDP毀損率を示したものです。
2. 言わば、天災＋人災＝超巨大複合災害の予想図です。
3. 実際にはハイパーインフレは発生後、政府は**後手後手**にハイパーインフレ防止策を打つはずですので表面的なハイパーインフレは発生後5年程度で止まるはずですが、それまでは物凄い被害が発生すると思われます。しかし、ハイパーインフレが沈静化しても、その水準は高原状態の横ばいに成るだけで、発生前の水準に戻ると言う意味では有りません。人災である国債破綻代替ハイパーインフレ等によって国民が失った財産は回復致しません。
4. 熊本地域では、地震だけですと初年度平均GDPが100万円が減りますが、ハイパーインフレの場合は30％で、131万円、ハイパーインフレのGDP50％毀損の場合は平均で151万円減に成る予想です。
5. 20年間で地震だけで、合計GDPが793万円も減少し、ハイパーインフレが加わると30％の場合は22年間で1037万円減少し、50％の場合は23年間で1196万円減少します。

南海トラフ地震とハイパーインフレ時の地域別、年度別GDP毀損率（予想図）

激甚被害地　広島地域

年目	地震のみの場合 地震の**GDP毀損率** A	**各年A÷330** B	広島の20年間GDP毀損額合計**1261万円** 各年GDP毀損額 1261×B D 万円	地震＋ハイパーインフレ30%の場合 ハイパーインフレ5年間30%＋地震のみ **GDP毀損率** S	ハイパーインフレ5年間30%＋地震の**GDP毀損額1649万円** 各年GDP毀損率 S÷431.5 T	ハイパーインフレ5年間30%＋地震の**GDP毀損額1649万円** 各年GDP毀損額 T×1649 U 万円	地震＋ハイパーインフレ50%の場合 ハイパーインフレ5年間50%＋地震のみ **GDP毀損率** V	ハイパーインフレ5年間50%＋地震の**GDP毀損額1901万円** 各年GDP毀損率 V÷497.5 W	ハイパーインフレ5年間50%＋地震の**GDP毀損額1901万円** 各年GDP毀損額 W×1901 X 万円
1	42	0.127	**160.5**	54.6	0.127	**208.66**	63	0.1266	**240.73**
2	38	0.115	**145.2**	49.4	0.114	**188.78**	57	0.1146	**217.80**
3	33	0.100	**126.1**	42.9	0.099	**163.94**	49.5	0.0995	**189.14**
4	27	0.082	**103.2**	35.1	0.081	**134.14**	40.5	0.0814	**154.75**
5	25	0.076	**95.5**	32.5	0.075	**124.20**	37.5	0.0754	**143.29**
6	22	0.067	84.1	27	0.063	103.18	33	0.0663	126.10
7	20	0.061	76.4	25	0.058	95.54	27	0.0543	103.17
8	21	0.064	80.2	22	0.051	84.07	25	0.0503	95.53
9	20	0.061	76.4	20	0.046	76.43	22	0.0442	84.06
10	18	0.055	68.8	21	0.049	80.25	20	0.0402	76.42
11	9	0.027	34.4	20	0.046	76.43	21	0.0422	80.24
12	7	0.021	26.7	18	0.042	68.79	20	0.0402	76.42
13	8	0.024	30.6	9	0.021	34.39	18	0.0362	68.78
14	7	0.021	26.7	7	0.016	26.75	9	0.0181	34.39
15	7	0.021	26.7	8	0.019	30.57	7	0.0141	26.75
16	6	0.018	22.9	7	0.016	26.75	8	0.0161	30.57
17	6	0.018	22.9	7	0.016	26.75	7	0.0141	26.75
18	7	0.021	26.7	6	0.014	22.93	7	0.0141	26.75
19	4	0.012	15.3	6	0.014	22.93	6	0.0121	22.93
20	3	0.009	11.5	7	0.016	26.75	6	0.0121	22.93
21				4	0.009	15.29	7	0.0141	26.75
22				3	0.007	11.46	4	0.0080	15.28
23							3	0.0060	11.46
	330		**1261.0**	**431.5**		**1649.00**	**497.5**		**1901.00**
				2年余分			3年余分		

地域の全員が各々これだけ年間所得が減少することを表しています。

1. この図は「土木学会さんの「国難」をもたらす巨大災害対策についての技術検討報告書」が阪神淡路大震災の被害状況、回復状況を、東南海トラフ地震に適用した場合の想定例をお示しになっていますので、さらにそれに、東南海トラフ地震を起因として、国債破綻代替ハイパーインフレ等のハイパーインフレが5年間発生した場合のGDP毀損率をさらに＋30％増、＋50％増と想定した場合のGDP毀損率を示したものです。
2. 言わば、天災＋人災＝超巨大複合災害の予想図です。
3. 実際にはハイパーインフレは発生後、政府は**後手後手**にハイパーインフレ防止策を打つはずですので表面的なハイパーインフレは発生後5年程度で止まるはずですが、それまでは物凄い被害が発生すると思われます。しかし、ハイパーインフレが沈静化しても、その水準は高原状態の横ばいに成るだけで、発生前の水準に戻ると言う意味では有りません。人災である国債破綻代替ハイパーインフレ等によって国民が失った財産は回復致しません。
4. 広島地域では、地震だけですと初年度平均GDPが160万円が減りますが、ハイパーインフレの場合は30%で、208万円、ハイパーインフレのGDP50%毀損の場合は平均で240万円減に成る予想です。
5. 20年間で地震だけで、合計GDPが1261万円も減少し、ハイパーインフレが加わると30%の場合は22年間で1649万円減少し、50%の場合は23年間で1901万円減少します。

南海トラフ地震とハイパーインフレ時の地域別、年度別GDP毀損率（予想図）

激 甚 被 害 地　　神戸地域

年目	地震のみの場合 地震の GDP毀損率 A	各年A÷330 B	神戸の20年間GDP毀損額合計1340万円 各年GDP毀損額 1340×B D 万円	地震＋ハイパーインフレ30%の場合 ハイパーインフレ5年間30%＋地震のみ GDP毀損率 S	ハイパーインフレ5年間30%＋地震の GDP毀損額1752万円 各年GDP毀損率 S÷431.5 T	ハイパーインフレ5年間30%＋地震の GDP毀損額1752万円 各年GDP毀損額 T×1752 U 万円	地震＋ハイパーインフレ50%の場合 ハイパーインフレ5年間50%＋地震のみ GDP毀損率 V	ハイパーインフレ5年間50%＋地震の GDP毀損額2020万円 各年GDP毀損率 V÷497.5 W	ハイパーインフレ5年間50%＋地震の GDP毀損額2020万円 各年GDP毀損額 W×2020 X 万円
1	42	0.127	**170.5**	54.6	0.127	**221.69**	63	0.1266	**255.80**
2	38	0.115	**154.3**	49.4	0.114	**200.58**	57	0.1146	**231.44**
3	33	0.100	**134.0**	42.9	0.099	**174.18**	49.5	0.0995	**200.98**
4	27	0.082	**109.6**	35.1	0.081	**142.51**	40.5	0.0814	**164.44**
5	25	0.076	**101.5**	32.5	0.075	**131.96**	37.5	0.0754	**152.26**
6	22	0.067	89.3	27	0.063	109.63	33	0.0663	133.99
7	20	0.061	81.2	25	0.058	101.51	27	0.0543	109.63
8	21	0.064	85.3	22	0.051	89.33	25	0.0503	101.51
9	20	0.061	81.2	20	0.046	81.21	22	0.0442	89.33
10	18	0.055	73.1	21	0.049	85.27	20	0.0402	81.21
11	9	0.027	36.5	20	0.046	81.21	21	0.0422	85.27
12	7	0.021	28.4	18	0.042	73.08	20	0.0402	81.21
13	8	0.024	32.5	9	0.021	36.54	18	0.0362	73.09
14	7	0.021	28.4	7	0.016	28.42	9	0.0181	36.54
15	7	0.021	28.4	8	0.019	32.48	7	0.0141	28.42
16	6	0.018	24.4	7	0.016	28.42	8	0.0161	32.48
17	6	0.018	24.4	7	0.016	28.42	7	0.0141	28.42
18	7	0.021	28.4	6	0.014	24.36	7	0.0141	28.42
19	4	0.012	16.2	6	0.014	24.36	6	0.0121	24.36
20	3	0.009	12.2	7	0.016	28.42	6	0.0121	24.36
				4	0.009	16.24	7	0.0141	28.42
				3	0.007	12.18	4	0.0080	16.24
							3	0.0060	12.18
	330		**1340.0**	**431.5**		**1752.00**	**497.5**		**2020.00**
				2年余分			3年余分		

地域の全員が各々これだけ年間所得が減少することを表しています。

1. この図は「土木学会さんの「国難」をもたらす巨大災害対策についての技術検討報告書」が阪神淡路大震災の被害状況、回復状況を、東南海トラフ地震に適用した場合の想定例をお示しになっていますので、さらにそれに、東南海トラフ地震を起因として、国債破綻代替ハイパーインフレ等のハイパーインフレが５年間発生した場合のGDP毀損率をさらに＋３０％増、＋５０％増と想定した場合のGDP毀損率を示したものです。
2. 言わば、天災＋人災＝超巨大複合災害の予想図です。
3. 実際にはハイパーインフレは発生後、政府は**後手後手**にハイパーインフレ防止策を打つはずですので表面的なハイパーインフレは発生後５年程度で止まるはずですが、それまでは物凄い被害が発生すると思われます。しかし、ハイパーインフレが沈静化しても、その水準は高原状態の横ばいに成るだけで、発生前の水準に戻ると言う意味では有りません。人災である国債破綻代替ハイパーインフレ等によって国民が失った財産は回復致しません。
4. 神戸地域では、地震だけですと初年度平均GDPが170万円が減りますが、ハイパーインフレの場合は30%で、222万円、ハイパーインフレのGDP50%毀損の場合は平均で255万円減に成る予想です。
5. ２０年間で地震だけで、合計GDPが1340万円も減少し、ハイパーインフレが加わると３０%の場合は２２年間で1752万円減少し、５０%の場合は２３年間で2020万円減少します。

南海トラフ地震とハイパーインフレ時の地域別、年度別GDP毀損率（予想図）

激甚被害地　　名古屋地域

年目	地震のみの場合 地震のGDP毀損率 A	各年A÷330 B	名古屋の20年間GDP毀損額合計**2058万円** 各年GDP毀損額 2058×B D　万円	地震＋ハイパーインフレ30%の場合 ハイパーインフレ5年間30%＋地震のみ **GDP毀損率** S	ハイパーインフレ5年間30%＋地震の**GDP毀損額2691万円** 各年GDP毀損率 S÷431.5 T	ハイパーインフレ5年間30%＋地震の**GDP毀損額2691万円** 各年GDP毀損額 T×2691 U　万円	地震＋ハイパーインフレ50%の場合 ハイパーインフレ5年間50%＋地震のみ **GDP毀損率** V	ハイパーインフレ5年間50%＋地震の**GDP毀損額3103万円** 各年GDP毀損率 V÷497.5 W	ハイパーインフレ5年間50%＋地震の**GDP毀損額3103万円** 各年GDP毀損額 W×3103 X　万円
1	42	0.127	**261.9**	54.6	0.127	**340.51**	63	0.1266	**392.94**
2	38	0.115	**237.0**	49.4	0.114	**308.08**	57	0.1146	**355.52**
3	33	0.100	**205.8**	42.9	0.099	**267.54**	49.5	0.0995	**308.74**
4	27	0.082	**168.4**	35.1	0.081	**218.90**	40.5	0.0814	**252.61**
5	25	0.076	**155.9**	32.5	0.075	**202.68**	37.5	0.0754	**233.89**
6	22	0.067	137.2	27	0.063	168.38	33	0.0663	205.83
7	20	0.061	124.7	25	0.058	155.91	27	0.0543	168.40
8	21	0.064	131.0	22	0.051	137.20	25	0.0503	155.93
9	20	0.061	124.7	20	0.046	124.73	22	0.0442	137.22
10	18	0.055	112.3	21	0.049	130.96	20	0.0402	124.74
11	9	0.027	56.1	20	0.046	124.73	21	0.0422	130.98
12	7	0.021	43.7	18	0.042	112.25	20	0.0402	124.74
13	8	0.024	49.9	9	0.021	56.13	18	0.0362	112.27
14	7	0.021	43.7	7	0.016	43.65	9	0.0181	56.13
15	7	0.021	43.7	8	0.019	49.89	7	0.0141	43.66
16	6	0.018	37.4	7	0.016	43.65	8	0.0161	49.90
17	6	0.018	37.4	7	0.016	43.65	7	0.0141	43.66
18	7	0.021	43.7	6	0.014	37.42	7	0.0141	43.66
19	4	0.012	24.9	6	0.014	37.42	6	0.0121	37.42
20	3	0.009	18.7	7	0.016	43.65	6	0.0121	37.42
				4	0.009	24.95	7	0.0141	43.66
				3	0.007	18.71	4	0.0080	24.95
							3	0.0060	18.71
	330		**2058.0**	**431.5**		**2691.00**	**497.5**		**3103.00**
				2年余分			3年余分		

地域の全員が各々これだけ年間所得が減少することを表しています。

1. この図は「土木学会さんの「国難」をもたらす巨大災害対策についての技術検討報告書」が阪神淡路大震災の被害状況、回復状況を、東南海トラフ地震に適用した場合の想定例をお示しになっていますので、さらにそれに、東南海トラフ地震を起因として、国債破綻代替ハイパーインフレ等のハイパーインフレが5年間発生した場合のGDP毀損率をさらに＋30％増、＋50％増と想定した場合のGDP毀損率を示したものです。
2. 言わば、天災＋人災＝超巨大複合災害の予想図です。
3. 実際にはハイパーインフレは発生後、政府は**後手後手**にハイパーインフレ防止策を打つはずですので表面的なハイパーインフレは発生後5年程度で止まるはずですが、それまでは物凄い被害が発生すると思われます。しかし、ハイパーインフレが沈静化しても、その水準は高原状態の横ばいに成るだけで、発生前の水準に戻ると言う意味では有りません。人災である国債破綻代替ハイパーインフレ等によって国民が失った財産は回復致しません。
4. 名古屋地域では、地震だけですと初年度平均GDPが262万円が減りますが、ハイパーインフレの場合は30%で、340万円、ハイパーインフレのGDP50%毀損の場合は平均で393万円減に成る予想です。
5. 20年間で地震だけで、合計GDPが2058万円も減少し、ハイパーインフレが加わると30%の場合は22年間で2691万円減少し、50%の場合は23年間で3103万円減少します。

南海トラフ地震とハイパーインフレ時の地域別、年度別GDP毀損率（予想図）

激 甚 被 害 地　　大阪地域

年目	地震のみの場合 地震のGDP毀損率 A	各年A÷330 B	大阪の20年間GDP毀損額合計1758万円 各年GDP毀損額 2058×B D 万円	地震＋ハイパーインフレ30％の場合 ハイパーインフレ5年間30％＋地震のみ GDP毀損率 S	ハイパーインフレ5年間30％＋地震のGDP毀損額2299万円 各年GDP毀損率 S÷431.5 T	ハイパーインフレ5年間30％＋地震のGDP毀損額2299万円 各年GDP毀損額 T×2299 U 万円	地震＋ハイパーインフレ50％の場合 ハイパーインフレ5年間50％＋地震のみ GDP毀損率 V	ハイパーインフレ5年間50％＋地震のGDP毀損額2651万円 各年GDP毀損率 V÷497.5 W	ハイパーインフレ5年間50％＋地震のGDP毀損額2651万円 各年GDP毀損額 W×2651 X 万円
1	42	0.127	**223.7**	54.6	0.127	**290.90**	63	0.1266	**335.70**
2	38	0.115	**202.4**	49.4	0.114	**263.20**	57	0.1146	**303.73**
3	33	0.100	**175.8**	42.9	0.099	**228.57**	49.5	0.0995	**263.77**
4	27	0.082	**143.8**	35.1	0.081	**187.01**	40.5	0.0814	**215.81**
5	25	0.076	**133.2**	32.5	0.075	**173.16**	37.5	0.0754	**199.82**
6	22	0.067	117.2	27	0.063	143.85	33	0.0663	175.85
7	20	0.061	106.5	25	0.058	133.20	27	0.0543	143.87
8	21	0.064	111.9	22	0.051	117.21	25	0.0503	133.22
9	20	0.061	106.5	20	0.046	106.56	22	0.0442	117.23
10	18	0.055	95.9	21	0.049	111.89	20	0.0402	106.57
11	9	0.027	47.9	20	0.046	106.56	21	0.0422	111.90
12	7	0.021	37.3	18	0.042	95.90	20	0.0402	106.57
13	8	0.024	42.6	9	0.021	47.95	18	0.0362	95.92
14	7	0.021	37.3	7	0.016	37.30	9	0.0181	47.96
15	7	0.021	37.3	8	0.019	42.62	7	0.0141	37.30
16	6	0.018	32.0	7	0.016	37.30	8	0.0161	42.63
17	6	0.018	32.0	7	0.016	37.30	7	0.0141	37.30
18	7	0.021	37.3	6	0.014	31.97	7	0.0141	37.30
19	4	0.012	21.3	6	0.014	31.97	6	0.0121	31.97
20	3	0.009	16.0	7	0.016	37.30	6	0.0121	31.97
				4	0.009	21.31	7	0.0141	37.30
				3	0.007	15.98	4	0.0080	21.31
							3	0.0060	15.99
	330		**1758.0**	**431.5**		**2299.00**	**497.5**		**2651.00**
				2年余分			3年余分		

地域の全員が各々これだけ年間所得が減少することを表しています。

1. この図は「土木学会さんの「国難」をもたらす巨大災害対策についての技術検討報告書」が阪神淡路大震災の被害状況、回復状況を、東南海トラフ地震に適用した場合の想定例をお示しになっていますので、さらにそれに、東南海トラフ地震を起因として、国債破綻代替ハイパーインフレ等のハイパーインフレが5年間発生した場合のGDP毀損率をさらに＋30％増、＋50％増と想定した場合のGDP毀損率を示したものです。
2. 言わば、天災＋人災＝超巨大複合災害の予想図です。
3. 実際にはハイパーインフレは発生後、政府は**後手後手**にハイパーインフレ防止策を打つはずですので表面的なハイパーインフレは発生後5年程度で止まるはずですが、それまでは物凄い被害が発生すると思われます。しかし、ハイパーインフレが沈静化しても、その水準は高原状態の横ばいに成るだけで、発生前の水準に戻ると言う意味では有りません。人災である国債破綻代替ハイパーインフレ等によって国民が失った財産は回復致しません。
4. 大阪地域では、地震だけですと初年度平均GDPが223万円が減りますが、ハイパーインフレの場合は30％で、290万円、ハイパーインフレのGDP50％毀損の場合は平均で335万円減に成る予想です。
5. 20年間で地震だけで、合計GDPが1758万円も減少し、ハイパーインフレが加わると30％の場合は22年間で2299万円減少し、50％の場合は23年間で2651万円減少します。

南海トラフ地震とその３０％増、５０％増のハイパーインフレ時の各地のGDP毀損額と阪神淡路大震災時の神戸のGDP毀損額との比較図（何れも２０年間）（万円）

	南海トラフ地震＋ハイパーインフレの場合のGDP毀損額							神戸
	名古屋	大阪	広島	横浜	京都	熊本	神戸	
A	2058	1758	1261	1052	1014	793	1340	1168
B	2691	2299	1649	1376	1326	1037	1752	
C	3103	2651	1901	1587	1529	1196	2020	

阪神淡路大震災時の神戸のGDP20年間損失額

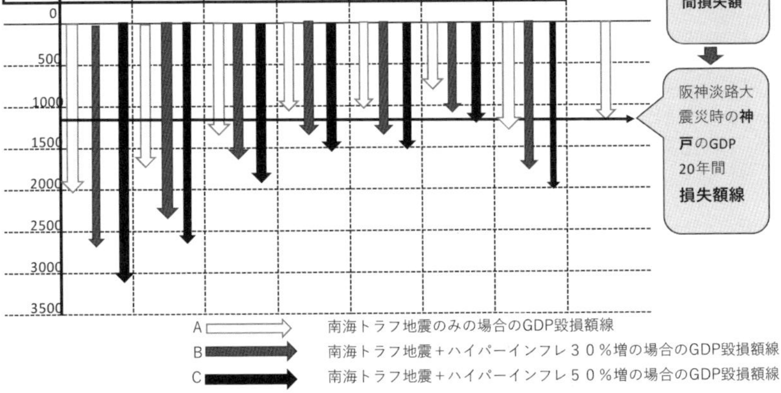

（南海トラフ地震のみの部分は「土木学会さんの「国難」をもたらす巨大災害対策についての技術検討報告書」より）

上記の表はP.77からP.83までの各地域の表の結果を棒グラフ化したものです。特に、名古屋、大阪、神戸の被害が大きいです。横浜は関東だから大丈夫と思っていたら酷い目に遭いますね。

■ 想定外16　7大都市の被害

土木学会の『「国難」をもたらす巨大災害対策についての技術検討報告書』によると、南海トラフ地震の地震被害だけでGDPレベル（20年間推定）で地域別に、名古屋2058万円、大阪1758万円、神戸1340万円、広島1261万円、横浜1052万円、京都1014万円の所得が失われると予想されています。

阪神淡路大震災時の神戸の地震被害のよる所得喪失額は、GDPレベルで1168万円（20年間）でした。

南海トラフ地震は太平洋岸地域で発生します。四国や紀伊半島の奥にある大阪、神戸、広島、京都の南海トラフ地震被害の方が、阪神淡路大震災の直下の神戸の被害より大きいかほぼ同じになるとは！　その神戸も、南海トラフ地震での被害の方が大きくなるとは！

南海トラフ地震がいかに巨大で空恐ろしいか、おわかりでしょう。その上にハイパーインフレの被害が日本中に圧し掛かるのです！！

（P.75 図参照）

■ 災害の基本に戻ろう

万が一政府が国債の消化を優先したり、万が一ハイパーインフレのコントロールがあまり上手くいかなかった場合に、政府に「ハイパーインフレ告知が無かったから」「ハイパーインフレのコントロールが不十分だから」と損害賠償請求等は、野党やマスコミや司法に任せておいて、我々国民は国民自身をまず防災しようではありませんか。してみたとしてもどうしようもないので、災害の基本に戻りましょう。

■「本書の理念」で生き残ろう

災害（ハイパーインフレの可能性を公表できない政府の施策を含む）から自分の身を守るのは、自分しかありません。

そこで、「経済的にいかに生き残るか」という以下の本書理念をぜひ理解していただき、皆さんで生き残りましょう。

1）巨大複合災害を知る
2）防災する
3）国民の財産を地震やハイパーインフレから守る
4）国民の財産を避難させる
5）レバレッジ投資する
6）レジリエンス投資する
7）地方公共団体等と一緒になって、レバレッジ投資等もする　等々

■ 災害自衛防災投資の必要性

1.我々等多くの弱者は平常時システムだけではないでしょうか。

2．環境は災害多発時代に入ったにもかかわらずです。

（注：下記に「災害多発期」の解説）

1）不意打ち災害を含みます。
2）南海トラフ地震と令和ハイパーインフレがもう９合目まで来ている時に、まだ上記１．の状態ではないでしょうか。

3．事前防災

一方事前防災は事後復旧費用等の4倍以上の効果があると世界銀行は言っています。又、想定外を想定せよ、と畑村先生は出版して述べています。

4．事前防災の現状

1）上記1．2．3．にもかかわらず、政府の事前防災支援システムはほとんどありません。南海トラフ地震と令和ハイパーインフレ等の大災害時代の9合目まで来ているにもかかわらずですよ。他方、日本中は「金余り時代」にもかかわらず、弱者には「金」がありません。ですから、災害自衛防災投資ができません。政府は気づいていませんので金融緩和等政策不在です。勿論税制優遇もありません。

2）従って「災害トリアージ」想定外6が実行されます。すなわち、助かるものも見捨てられるのです。要するに、政策不在で知恵の欠如です。

目的

1．弱者の多くは平常時システムだけではないでしょうか

事前（チェックして下さい）

1）経済的命、経営的命、家計的命、を守るシステムを持っているか、稼働しているか

2）経済的防災システムを持っているか、稼働しているか経営的防災システムを持っているか、稼働しているか お客様、お取引先、従業員、自社システムを防災するシステムがあるか、稼働しているか

3）お客様のお客様を守れているか

4）それらの事業計画は稼働しているか

5）金融緩和後の防災勘定投資、レバレッジ投資等、家計的防災システムを持っているか、稼働予定か

6）勤務先は防災システムが有るか、勤務先はお客様等を守れているか、そのシステムは稼働しているか

7）勤務先はお客様等のお客様等を守れているか、そのシステムは稼働しているか

8）銀行借入等の実績のない場合は故郷レジリエンスと防災投資（P.144）へを検討しているか否か

事後

レジリエンス力（回復力、復元力）は有るか

事後用

地震保険（想定外１３で述べましたが）

民間のもの

1．火災保険の付録程度で、ビジネス用はダメです。

2．従って、実質お見舞い程度です。

3．政府引き受けで各社ほぼ同じ、従ってあまり期待できません

農協のもの

1．建物更生共済があり、ビジネス用も可能でかなり良いですが、しかし、火災保険の２分の１までで修理はかなりできるかもしれないですが、再築は無理です。従って、「民間のもの」よりは良心的ですが、再築までは無理ではないでしょうか。

従ってレジリエンス力は有るか否かご検討下さい。農協に付いては金融緩和後のレバレッジ投資や金融緩和後のレジリエンス投資が可能か否か確認する必要が有ります。

政府に対しては、

1．各種の規制改革を実行してもらう。

2．国民の身体の安全施策は勿論のこと

3．国民が南海トラフ地震と令和ハイパーインフレ等においても、生き残って行くための経済的システム、経営的システム、家計的システム、の支援、育成、補助、税制優遇、等々の施策を要望して行きましょう（詳細は第４章で）

「災害多発期」と「地震予知」

1．読者の皆様、ご存じのとおり、地震はマグマの動きで、プレートが動いて、その境界線で発生します。（次ページ図参照）

2．南海トラフ地震の場合ですと、南海トラフの所でフィリピン海プレートが西日本のユーラシアプレートの下に潜り込むことによって、その摩擦面がヒヅミに耐えきれなくなって、ある日突然地震が発生します。

3．過去の南海地震はこれまでおおむね100年から150年間隔で発生しております。プレートの動きが年間５㎝でも。100年で５メートル、150年で7.5メートルの凄いズレになります。このズレの部分がもう耐えきれなくなってご存じのように地震になります。

4．すると、上述の100年-150年周期の前半部分は前の南海地震でズレが解放されていますので、あまりズレが大きくないので、地震が余り起こりません。反対に後半になればなるほど、どんどんズレが蓄積しますので地震が起こりやすくなります。

5．統計的にも、小さな地震が増えると、大きな地震が起きやすくなると書いてあります。
6．その後半部分ではどうも統計的には陸地の方で小型の地震が起きているようです。それを私は素人ですからこう解釈しています。
7．（陸地の上は空気だから、軽いから、常時海側から押されている陸地の活断層のような所で簡単に部分的なズレが解放されやすく、海底部分は物凄く重い海水が上に載って居ますので、そう簡単にズレの解放はできない、従って、先に陸地の方でズレの解放の予兆地震が起きやすいのではないか）
8．従って、関西や中部で、小型の内陸地震が起き始めたら、（もう９合目まで来ているので）そろそろ、予兆ではないか、海側の本番の巨大な南海トラフ地震が近い、のではないかと、本番を想定した実践警戒態勢を組むべきだと思います。
9．しかしながら、第１章で述べましたように、我々はもう９合目まで来ていますので、「いつ南海トラフ地震が来ても不思議ではありませんので」、小型の内陸地震が来ないからと言って、防災への備えを緩めるべきではありません。

日本付近のプレート模試図

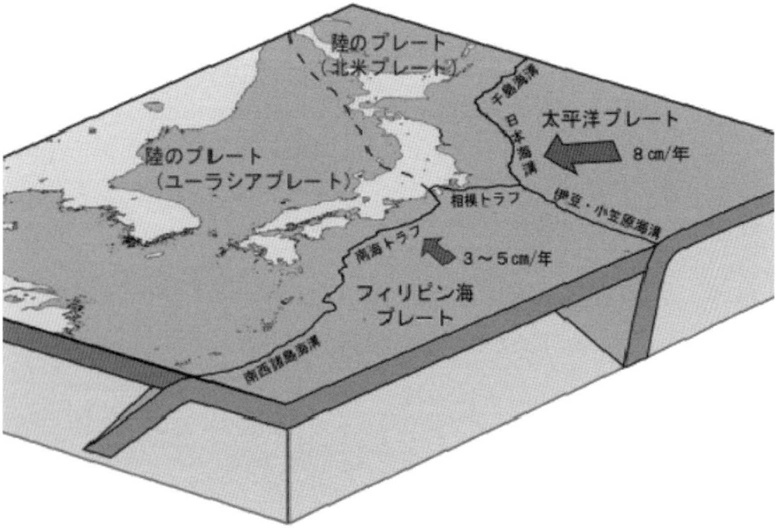

出典：気象庁

第3章

新防災パラダイムシフト時代

第1節　地震、ハイパーインフレ（大経済津波）のチェック

1．**南海トラフ地震**と**ハイパーインフレ（大経済津波）期**
には**どんな事が予想**され、
2．どんな**リスク**が発生する可能性があるかを本書の以下を
読み、自社、自分用の**チェックリスト化**
して下さい。

チェックせず、備えない人は
１００％滅びます。

新防災パラダイムシフト期

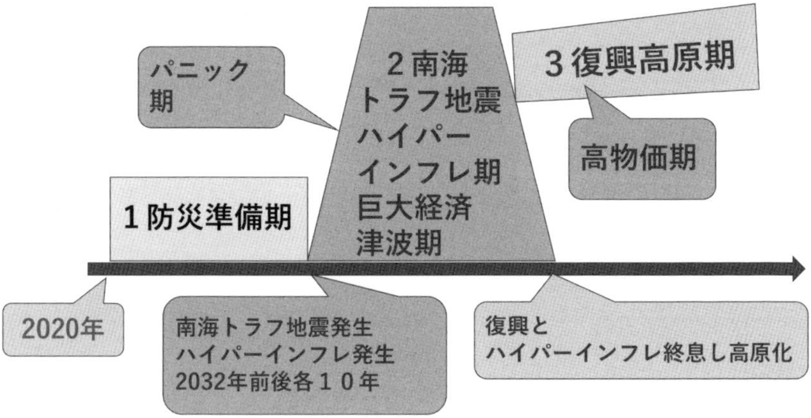

■ 説明の順序

新防災パラダイムシフト期は、時系列的には

第１期：準備期
第２期：南海トラフ地震とハイパーインフレ期
第３期：復興高原期

の順にやって来ます。

しかし、第２節を先に説明し、その対策としての準備をいかにしていくか、という流れの方が理解していただけると思うので、第２節の南海トラフ地震とハイパーインフレ期について先にご説明します。

■ 第２期　南海トラフ地震とハイパーインフレ期

経済的命、ビジネスの命や家計の命がどうなるかを知り、個人的予防チェックリストにしてください。これは逆に言えば、「備えなければ」いかに「滅亡するか」の説明になります。

そして、この章の最後に第３節の復興高原期を説明した後、次の第４章で第１節の準備期について詳しくお伝えします。

南海トラフ地震とハイパーインフレ期の被害と対策1

個人用チェックリストにして下さい

戦後のハイパーインフレ

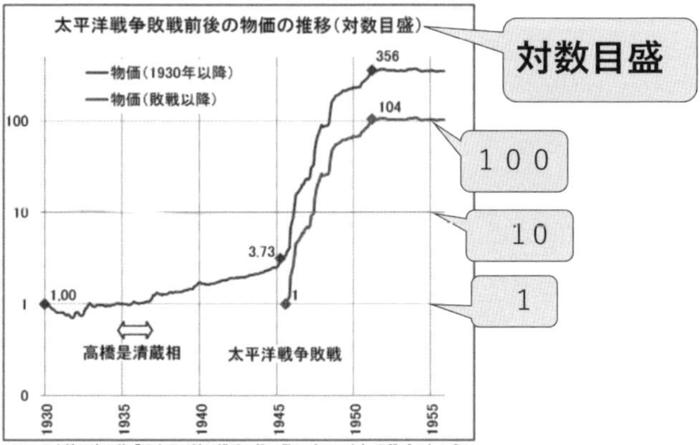

出典：日本統計協会著『日本長期統計総覧　第４巻』（1988年）掲載データを素に
小塩丙九郎氏作成

ハイパーインフレの定義

1. 国際会計基準では、**3年間で累積100%(年率約26%)**です。
2. 米経済学者フィリップ・ケーガンの定義だと、**月率50%（年率1万3千%）以上**という定義です。
3. ただし具体的なインフレーション率の値によるのではなく、単に「**猛烈な勢いで進行する**インフレーション」のイメージを強調する際に用いるマスメディアも多いです。

■ 物価高騰　物不足パニック

物価高騰と物不足が日本全国に広がっていく様子を、順に説明します。

1．南海トラフ地震により猛烈な物資不足、物価高騰
2．西日本のインフラ壊滅的に崩壊
3．ライフラインの崩壊による生活物資等の不足、パニック発生
4．ビジネス供給網の寸断、供給不足、経済の大停滞
5．ヘッジファンド、国家ファンド等による円の空売りから円安、輸入物価が高騰
6．国債崩壊代替ハイパーインフレ加速による物価高騰
7．ハイパーインフレにより更に、輸入物資の高騰、供給不足、品薄化、売り惜しみ化が進展
8．かつてのトイレットペーパー不足や、コロナ時のマスク不足等のパニックが色々な物資で起こる

■ 長期契約

ハイパーインフレ時代になると、価格がどこまで上がるかが予測不可能になりますし、いつ終息するかもわかりません。従って、長期契約は段々できなくなってきます。

家賃、地代、コピー機、携帯電話、定期券等は契約期間が段々と短くなり、毎月値上げ交渉という事態もあり得ます。

■ 現金

南海トラフ地震被災地では修理、復旧、復興資金が大幅に増加します。同時に、ハイパーインフレの進行により現金の価値が大幅に目減りします。

ハイパーインフレで物価が２倍になると、現金の価値は半分になります。同様に、物価が５倍になると現金の価値は５分の１に、物価が 10 倍になると現金の価値は 10 分の１になります。現金は目減りするので、物に転嫁する傾向が拡大します。

■ タンス預金

南海トラフ地震被災地では修理、復旧、復興資金で使用されるでしょうが、新円切替で「タンス預金」は表面化し、目減りします。あるいは、表面化して使用促進されます。

「新円切替」は令和 24 年に定例的（デノミ型ではなく）に行われる予定ですが、南海トラフ地震とそれに続く猛烈なハイパーインフレの時には、ハイパー

インフレの撃退の目的で、デノミ型で実施されると思います。

■ 預金

南海トラフ地震被災地では、修繕、復旧、復興のために膨大な資金が必要になるため、預金の取り崩しも必要です。

銀行倒産等による預金リスクはどうかと言えば、預金には預金保険機構による1000万円までの元本保証があり、これはメリットです。

現在、銀行の自己資本基準はバーゼル合意の国際統一基準では８％（国内行基準行４％）となっています。

コロナ禍で少し心配する声もありますが、リーマンショックの直接原因は、米国政府がリーマンの救済を検討しながらも結果的にしなかったことであるとの教訓があります。今回のコロナショックでもいち早く市場に資金供給して、企業等の倒産、その連鎖での金融機関倒産を防止しているので、銀行倒産による預金リスクはあまり心配しなくてもいいというのが実情ではないでしょうか。

しかし、預金は元本確定ですから、ハイパーインフレ時には大幅に価値が目減りする可能性があります。これが、ハイパーインフレによる「預金リスク」です。

ハイパーインフレによって元本が２分の１、５分の１、10分の１に減る危険性がありますし、もっともっと目減りする可能性もあります。

あとは、皆さんがどちらのリスク回避を選択するか、の問題です。もちろん、筆者は地球人である以上、マグマの移動による大震災の発生を信じ、ハイパーインフレによる「預金リスク」に備える方を選びます。そのため、読者への警告がこの本の出版の使命だと思っています。

現実には、メインのものは外貨建てにして、外貨建て資産運用したり、外貨預金にしてハイパーインフレに備えますが日常の小口の支払いとか、毎月定期払いのもののために、小口の「円預金」を残す必要は出てきます

複合合成ハイパーインフレによる

定期預金の目減りシミュレーション図（200%例）

	スタート	1年後	2年後	3年後	4年後	5年後	6年後
インフレ率（年間）		2	1.6	1.4	1.2	1.1	1.03
累計インフレ率	1	2	3.2	4.48	5.376	5.9136	6.091008
万円）							
預金残高	1000	500	312.5	223.2143	186.0119	169.1017	164.1764

南海トラフ地震後のハイパーインフレは
右記のような様々なハイパーインフレ要因の複合化合成されたハイパーインフレとなりますが
その複合化され、合成化されたハイパーインフレによって、
国民側は令和ハイパーインフレの付け（高物価、高金利、大不況）を払わされます。
国民の大切な財産である、定期性のもの、**現金、預金、生命保険、年金等が大幅に目減り**します。
この例では、定期預金が初年度200%のハイパーインフレで如何に目減りして行くかをシミュレーション
しています。恐ろしいです、悲惨です。
実際の戦後のハイパーインフレでは５年目で１００倍（10000%）でした。筆者の本音で言えば最低50倍
は覚悟して置くべきだと思います。どうしても、筆者の立場は、「何を大げさな」と言われたくないので
本書ではこんな程度の低めにしていますが、個別指導の場合では50-100倍のご指導は当たり前だと思います。
反対に国家側は日本の巨額の日本国債は、ハイパーインフレ（高物価化と高金利化）として代替され
縮小化され、段々と消えて行く事を表しています。**国家**に取っては、**大チャンス**ですが
国民は**地獄**です。

複合化合成化ハイパーインフレ（HI）
1．地震による物不足HI
2．インフラ崩壊HI
3．復興HI
4．円安輸入物価高騰HI
5．日本国債崩壊代替HI
6．少子高齢人手不足HI　等

南海トラフ地震発生時の複合合成ハイパーインフレ(例：初年度300%）中の

定期預金のハイパーインフレによる目減りシミュレーション例

複合化合成化
ハイパーインフレ率

	スタート	1年後	2年後	3年後	4年後	5年後	6年後
インフレ率（年間）		3	2.5	2	1.5	1.2	1.08
累計インフレ率	1	3	7.5	15	22.5	27	29.16
（万円）							
預金残高	1000	333.3333	133.3333	66.66667	44.44444	37.03704	34.29355

南海トラフ地震後のハイパーインフレは
右記のような様々なハイパーインフレ要因の複合化合成されたハイパーインフレとなりますが
その複合化され、合成化されたハイパーインフレによって、
日本の巨額の日本国債が、ハイパーインフレ（高物価化と高金利化）として代替され
縮小化され、段々と消えて行く事を表しています。**国家**に取っては、**大チャンス**ですが
反対に**国民側**はハイパーインフレの付け（高物価、高金利、大不況）を払わされます。
国民の大切な財産である、**現金、預金、生命保険、年金等が大幅に目減り**します。
この例では、定期預金が初年度300%のハイパーインフレで如何に目減りして行くかをシミュレーション
しています。恐ろしいです、悲惨です。
実際の戦後のハイパーインフレでは５年目で１００倍（10000%）でした。筆者の本音で言えば最低50倍
は覚悟して置くべきだと思います。どうしても、筆者の立場は、「何を大げさな」と言われたくないので
本書ではこんな程度の低めにしていますが、個別指導の場合では50-100倍のご指導は当たり前だと思います。
従って、本書ではその**対策を提案**しています。一緒に頑張ろうではありませんか

複合化合成化ハイパーインフレ（HI）
1．地震による物不足HI
2．インフラ崩壊HI
3．復興HI
4．円安輸入物価高騰HI
5．日本国債崩壊代替HI
6．少子高齢人手不足HI　等

■ 生命保険

南海トラフ地震被災地では修繕、復旧、復興資金として取り崩しや契約者貸付等が必要になる可能性が大ですが、その時「目減り」しており、あまり役立たない可能性があります。

生命保険は元本確定型ですから、ハイパーインフレ時には大幅に目減りする可能性は大です。一般的に預金より長期型ですから、「目減りリスク」に大きな注意を払う必要があります。

30年満期の養老保険や終身保険も元本確定ですから、ハイパーインフレが起きれば受け取り時に何分の一かに目減りしている可能性が高いため、大変に危険です。

ほとんどの生命保険は、基本は平常時積立用でハイパーインフレを予定していないので、ハイパーインフレ時には大幅に目減りする可能性があるということなのです。

戦中から戦後のハイパーインフレ期にも、たくさんの人々が大損をしました。

本書の「南海トラフ地震発生時期確率予想図」を見てください。

既存の生命保険の内、まず予想では2027年以降に満期金等を受け取る予定の生命保険は、南海トラフ地震によるハイパーインフレによって、受取金価値が大幅に目減りする可能性が大です。

それらを現時点で払い済みにするか、まだ短期間しか経過してないものはいっそ途中解約等して、比較的安全と思われるものに切り替えるか、検討してみてください。

比較的安全と思われるのは、掛金も受取りも原則ドル等の外貨建ての生命保険です。ドル等外貨であれば、ハイパーインフレ時に強い可能性があります。ただし、この場合には受取り時に本当にその外貨が強い予想なのか否か、必ず念を入れて確認してください。

もちろん、ハイパーインフレの被害が軽量だと思われる場合は、こうした切り替えを検討する必要はありません。

予想では2027年頃までに受取金を受け取る予定の方は、そのままでよいかもしれません。

新規で生命保険に加入する場合は、外貨の生命保険を参考にしてください。

南海トラフ地震発生時の複合合成ハイパーインフレ(例：初年度200%）による

生命保険のハイパーインフレによる目減りシミュレーション例

	スタート	１年後	２年後	３年後	４年後	５年後	６年後
インフレ率（年間）		2	1.6	1.4	1.2	1.1	1.03
累計インフレ率	**1**	**2**	**3.2**	**4.48**	**5.376**	**5.9136**	**6.091008**

毎年の生命保険積立額		**25**	**25**	**25**	**25**	**25**	**25**
生命保険積立金累計額	**850**	875	900	925	950	975	1000
ハイパーインフレによる目減り受取額	**850**	450	306.25	243.75	228.125	232.3864	250.6178

複合化合成化ハイパーインフレ（HI）

１．地震による物不足HI
２．インフラ崩壊HI
３．復興HI
４．円安輸入物価高騰HI
５．日本国債崩壊代替HI
６．少子高齢人手不足HI　　等

南海トラフ地震後のハイパーインフレは
右記のような様々なハイパーインフレ要因の複合化合成されたハイパーインフレとなりますが
その複合化され、合成化されたハイパーインフレによって、
反対に国民側はハイパーインフレの付け（高物価、高金利、大不況）を払わされます。
そして、**現金、預金、生命保険等**の貴重な財産が猛烈に**目減り**します。
上図は毎年２５万円づつ貯めて来て、850万円まで貯まった時に、初年度200％のハイパーインフレに
成った時に、６年後に1000万円受け取れるはずの生命保険受取金が如何に目減りするかを
シミュレーションしたものです。**物凄く悲惨**です。　同様の事が**戦後の日本**でも起きました。
実際には、定期預金の所でも述べましたように、我々は50－100倍（5000-10000％）のハイパーインフレ
を覚悟して置くべきだと思います。
従って、本書ではその対策を提案しています。
反対に国家側は日本の巨額の日本国債が、ハイパーインフレ（高物価化と高金利化）として代替され
縮小化され、段々と消えて行くことになりますから、**国家にとっては大チャンス**ですが、
国民は地獄です。

南海トラフ地震発生時の複合合成ハイパーインフレ(例：初年度300%）による

生命保険のハイパーインフレによる目減りシミュレーション例

複合化合成化
ハイパーインフレ率

	スタート	１年後	２年後	３年後	４年後	５年後	６年後
インフレ率（年間）		3	2.5	2	1.5	1.2	1.08
累計インフレ率	**1**	**3**	**7.5**	**15**	**22.5**	**27**	**29.16**

毎年の生命保険積立額		**25**	**25**	**25**	**25**	**25**	**25**
本来**受取れるはず**の生命保険積立額	**850**	950	960	970	980	990	**1000**
ハイパーインフレによる目減り受取額	**850**	308.333	148.333	99.167	91.111	100.93	118.44993

複合化合成化ハイパーインフレ（HI）

１．地震による物不足HI
２．インフラ崩壊HI
３．復興HI
４．円安輸入物価高騰HI
５．日本国債崩壊代替HI
６．少子高齢人手不足HI　　等

南海トラフ地震後のハイパーインフレは
右記のような様々なハイパーインフレ要因の複合化合成されたハイパーインフレとなりますが
その複合化され、合成化されたハイパーインフレによって、
日本の巨額の日本国債が破綻することなく、ハイパーインフレ（高物価化と高金利化）として代替され
縮小化され、段々と消えて行くことになりますから、**国家に取っては大チャンス**ですが、
反対に国民側はハイパーインフレの付け（高物価、高金利、大不況）を払わされます。
そして、**現金、預金、生命保険等**の貴重な財産が猛烈に**目減り**します。
上図は毎年２５万円ずつ貯めて来て、850万円まで貯まった時に、初年度300％のハイパーインフレに
成った時に、６年後に1000万円受け取れるはずの生命保険受取金が如何に目減りするかを
シミュレーションしたものです。**物凄く悲惨**です。　同様の事が**戦後の日本**でも起きました。
従って、本書ではその対策を提案しています。

■ 年金

年金は基本的に「平常時積立用」ですからハイパーインフレの高騰率には追いつけません。次ページの「マクロ経済スライド」を参照していただければ、

ハイパーインフレに追いつけないことがよくわかると思います。

「マクロ経済スライド」は、基本的にはハイパーインフレ等の場合に年金財政を守る条項なのですが、それは政府側を守るためであって、受給者を守る条項ではありません。

令和元年に老後2000万円問題が話題になりましたが、老後2000万円問題は「平常時思考」です。従って、ハイパーインフレ時代には何の役にも立ちません。

2024年以降、南海トラフ地震によるハイパーインフレによって年金額が目減りすることを前提に生活設計をして下さい。

現役世代数の減少と受給者数の増加は、年金受給年齢の繰り上げとなり、ますます受給額の減少傾向に拍車をかけます。そこで、iDeCoやNISAや財形貯蓄の登場となるわけですが、これ等も問題山積みです。なぜなら、すべて「平常時積立用」だからです。地震大国に住んでいることを忘れると滅びます。

マクロ経済スライド

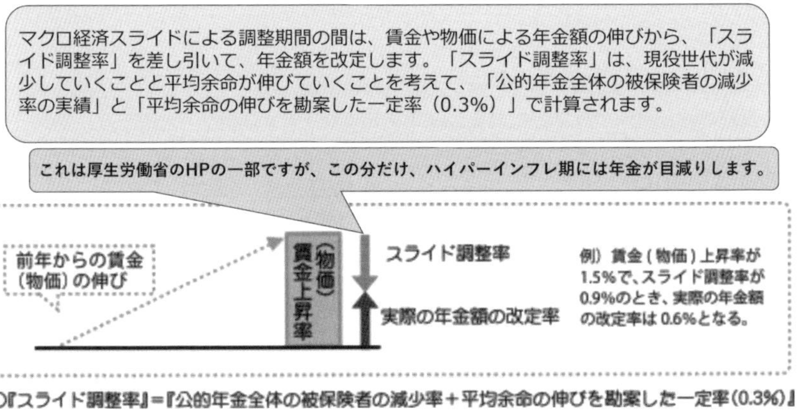

出典：厚生労働省　「いっしょに検証！　公的年金」

■ iDeCo

原則、60歳まで取り崩せない制度になっているので、南海トラフ地震被災地でも修理、復旧、復興のための資金に使用できない可能性が高いです。

iDeCoは、基本は平常時用積立の制度です。だからハイパーインフレ等の非常時には役立たない可能性が大です。ハイパーインフレ発生後に受給する場合には、大幅に目減りすることがほぼ確実だと思います。本書の「南海トラフ地震発生時期確率予想図」を見てご検討ください。

本来は、日本型家計の現金預金主義から米国型の財形貯蓄型の家計へ誘導する良い制度です。税制優遇もあり、平常時には国民を指導、誘導できるのですが、いかんせん日本は世界一の災害多発国です。

本書の「南海トラフ地震発生時期確率予想図」を見て、税制メリットとハイパーインフレリスクをご検討ください。

■「つみたてNISA」「NISA」

「つみたてNISA」は、財形貯蓄型に移る場合に、確実な投資信託等だけを厳選した初心者向けの堅実な制度です。

真面目に積み立てれば、年間40万円の枠ながら約20年間積み立てられます。厳選商品型で、NISAより細かい規定があります。

「NISA」は、約5年間、毎年120万円の枠で積み立てられます。

商品数も多く頻度も自由な、自由度の高い財形貯蓄です。自由度が高く期間が短い分だけ、より専門性が必要です。

どちらもハイパーインフレ時にはiDeCoより対応しやすく、目減りの危険は少ないものと思います。ただ、期間の長い「つみたてNISA」を2024年以降にも継続する場合には、本書の「南海トラフ地震発生時期確率予想図」をご検討下さい。iDeCoと同様のハイパーインフレリスクがありますので、できれば切り替えてください。

■ 財形年金

勤労者財産形成促進法に基づいた3種類の貯蓄制度の一部で、財形制度のある会社員や公務員が利用できる制度です。

預貯金以外に、合同運用信託、有価証券、生命保険、生命共済、郵便年金、損害保険にも積み立てられますが、主流は平常時の預貯金積立型又は確定型が多いため、ハイパーインフレ期にはかなり目減りする可能性が高い商品群が多いです。

税制等のメリットと本書の「南海トラフ地震発生時期確率予想図」をご検討のうえ、ハイパーインフレリスクと比較検討をしてください。

原則5年以上積立てたものは解約等できますが、災害等の場合を除き、年金以外の引き出しにはペナルティがあります。ハイパーインフレ期以前にはハイパーインフレに強いものに切替えをお勧めします。

■ 国内株式

南海トラフ地震により、暴落が予想されます。ヘッジファンド及び中国、ロシア、北朝鮮等の国家ファンドによる円の空売り、円安が暴落のきっけけとなるでしょう。また、ハイパーインフレリスクでも暴落が予想されます。

これらの要因で、海外投資家の引き上げもあってさらに暴落するでしょう。

暴落時は株価が安値となるので投資チャンスかもしれませんが、ハイパーインフレの終息の時期の予想が困難です。本書の「南海トラフ地震発生時期確率予想図」を参考にして、戦略を策定してください。

■ 不動産

南海トラフ地震の被災地では、不動産の暴落が予想されます。一部被災地域や周辺地域では住宅難で、数年間は家賃が高騰する可能性があります。

しかし、もともと若手、つまり働く世代の人口減少社会であったところに、地震、ハイパーインフレ等の不景気要因、生活苦要因が重なって、震災以降の不動産価格は（駅近等を除いて）下がり始める可能性があります。

さらに近頃のコロナショックでテレワーク等が発展すると、都心部や中心市街地の空洞化傾向が強まります。

ハイパーインフレに強いもの

1．金
2．銀（比較的安いので「貧乏人の金」と言われています）
3．プラチナ
4．パラジウム
5．コイン（投資）
6．コモディティ金融商品（金、原油、小麦等）

■ 国債代替ハイパーインフレ

国債はハイパーインフレに弱く、大暴落します。

ハイパーインフレがどこまで行くか、いつまでにどうなるか、ほとんど予測不可能です。そのため新規購入者はほとんどいなくなります。

従って、国債保持者は大損する可能性がありますし、倒産や破産の危険性もあります。だから国債関連金融機関には、政府による金融支援が実施されると思います。

新規購入者がいなくなると、政府は新規国債の金利を上げていきます。買い手は国債金利が上がらないと誰も買わないことを知っているので、政府が金利を上げるのを待っているのです。

政府としては、コスト無料の日本円の発行（通貨発行権）をすれば国債（借金）は返済できるため、「やむなく」というポーズを取りながら、段々と金利を高くしていきます。

こうしてハイパーインフレ（金利上昇）はますます強く、高く、長期間化しそうです。これが恐ろしい国債代替ハイパーインフレです。借金を借金で回して金利が上昇するのです。

■ 国債（政府側）

1．ハイパーインフレは、日本の**1000兆円を超える**巨額の
国債を**消化、縮小化**する**100年に一度の大チャンス**です。
2．特に、私が申し上げているように、
1）**東南海トラフ地震**による**修繕、復旧、復興**ハイパーインフレ
2）**円安**ハイパーインフレ
3）**物不足、供給不足**ハイパーインフレ
4）**人手不足**ハイパーインフレ
5）**国債（破綻代替）**ハイパーインフレ
の５種のハイパーインフレを**ブレンド化**し、きっかけを
東南海トラフ地震のせいにできる、政府に取って最高のチャンス
です。

逆に、その最凶、最悪の
ツケを国民が払わされます。

➡ **負けずに頑張ろう、**
本書の理念です。

1．ハイパーインフレは、日本の**1000兆円を超える**巨額の
　国債を**消化、縮小化**する**100年に一度の大チャンス**です。
2．特に、私が申し上げているように、
　1）**東南海トラフ地震**による**修繕、復旧、復興**ハイパーインフレ
　2）**円安**ハイパーインフレ
　3）**物不足、供給不足**ハイパーインフレ
　4）**人手不足**ハイパーインフレ
　5）**国債（破綻代替）**ハイパーインフレ
　の５種のハイパーインフレを**ブレンド化**し、**きっかけを**
　東南海トラフ地震のせいに出来る、政府に取って最高のチャンス
　です。

逆に、その最凶、最悪の
ツケを国民が払わされます。

負けずに頑張ろう、
本書の理念です。

■ 戦後の新円切り替え

戦後の昭和21年2月16日、「預金封鎖」が行われました。その後、国債（国の借金）を返済するため、最高税率90％の財産税（大増税）が実施されました。

その後に実施された新円切替により、約１年間はハイパーインフレが収まったのですが、すぐにまたハイパーインフレが始まりました。

■ 100年に一度のチャンスとピンチ

現在、財務省は国民財産をかなり細部まで把握しているので、国民の財産権である「預金」封鎖までは実施しないと思いますが、インフレ抑制の制限はかなり掛けると思います。

しかし、東北大震災の5-10倍程度の「復興税」はあり得ると思います。なにしろ、地震被害比較だけで、16倍もの被害になるわけですから。

同様に、新円切替（デノミ型）は必ずハイパーインフレ退治のために行われると予想します。なぜなら、ハイパーインフレの第一の起因は地震だからです。

私が警鐘を鳴らす国債破綻代替ハイパーインフレは全体ハイパーインフレを加速させますが、その両者を見分けることはできないため、全体ハイパーインフレに乗じて政府は上手に国債破綻代替ハイパーインフレを起こすでしょう。国債を名目上破綻させないで、ハイパーインフレで代替縮小化（借金の棒引き）できる、政府にとっては100年に一度の大チャンスだからです。

つまり借金を借金で返済して、それをくり返すたびに段々と金利が上昇する、すなわち国債破綻代替ハイパーインフレの加速です。

反対に国民にとっては、地震とハイパーインフレリスクの「100年に一度の大ピンチ」となります。だから読者の皆様と全国民のために本書を書いています。

ピンチに負けないよう、頑張ろうではありませんか。

日本国債破綻代替ハイパーインフレ部分を含んだ

複合合成ハイパーインフレ（全体）200%の場合

	スタート	1年後	2年後	3年後	4年後	5年後	6年後
インフレ率（年間）		2	1.6	1.4	1.2	1.1	1.03
累計インフレ率	1	2	3.2	4.48	5.376	5.9136	6.09101
既存　（兆円）							
国地方債務目減り後残高	1200	600	375	267.857	223.214	202.922	197.012
新規国債発行＝「南海トラフ地震＋ハイパーインフレ」対策費							
各年新規国債発行額と目減り後残高	150	150	93.75	66.96429	55.80357	50.73052	49.25293
各年新規国債発行額と目減り後残高	120		120	85.71429	71.42857	64.93506	63.04375
各年新規国債発行額と目減り後残高	100			100	83.33333	75.75758	73.55104
各年新規国債発行額と目減り後残高	80				80	72.72727	70.609
各年新規国債発行額と目減り後残高	50					50	48.54369
各年新規国債発行額と目減り後残高	30						30
（6年間は償還しないと仮定）							
	530	150	213.75	252.6786	290.5655	314.1504	335.0004
新旧国債合計目減り後残高		750	588.75	520.5357	513.7798	517.0725	532.0121

「ハイパーインフレ」の内容としては、1．**地震**による**物不足**ハイパーインフレ。2．**インフラ崩壊**ハイパーインフレ

3．**復興**ハイパーインフレ、4．**円安、輸入物価高騰**ハイパーインフレ。5．本書で**日本国債破綻代替**ハイパーインフレと

言っている、インフレを利用した国債のすり替えハイパーインフレ（**金利が上昇**）、5．**人手不足**ハイパーインフレ、

等があり、その合成ですが、「国債破綻代替ハイパーインフレ」が有りますので、**高く、強く、長く**なります。

日本国債破綻代替ハイパーインフレ部分を含んだ

南海トラフ地震発生時の複合合成ハイパーインフレ(例：初年度300%）の説明図

日本国債破綻代替ハイパーインフレ部分も償却

	スタート	1年後	2年後	3年後	4年後	5年後	6年後
インフレ率（年間）		3	2.5	2	1.5	1.2	1.08
累計インフレ率	1	3	7.5	15	22.5	27	29.16
既存　（兆円）							
国地方債務目減り後残高	1200	400	160	80	53.3333	44.4444	41.1523
仮、新規国債発行＝「南海トラフ地震＋ハイパーインフレ」対策費（兆円）							
各年新規国債発行額と目減り後残高	150	150	60	30	20	16.66667	15.4321
各年新規国債発行額と目減り後残高	120		120	60	40	33.33333	30.8642
各年新規国債発行額と目減り後残高	100			100	66.66667	55.55556	51.44033
各年新規国債発行額と目減り後残高	80				80	66.66667	61.7284
各年新規国債発行額と目減り後残高	50					50	46.2963
各年新規国債発行額と目減り後残高	30						30
（6年間は償還しないと仮定）							
	530	150	180	190	206.667	222.222	235.761
新旧国債合計目減り後残高		550	340	270	260	266.6667	276.9136

2020年残

複合化合成化
ハイパーインフレ率

巨大長期日本国債がハイパーインフレによって破綻することなく、目減り消滅化

一時的短期的「地震とハイパーインフレ」対策用新規国債発行分

複合化合成化ハイパーインフレ（HI）

1．地震による物不足HI
2．インフラ崩壊HI
3．復興HI
4．円安輸入物価高騰HI
5．日本国債崩壊代替HI
6．少子高齢人手不足HI　等

南海トラフ地震後のハイパーインフレは

右記のような様々なハイパーインフレ要因の複合化合成されたハイパーインフレと成りますが

その複合化され、合成化されたハイパーインフレによって、

日本の巨額の日本国債が破綻することなく、ハイパーインフレ（高物価化と高金利化）として代替され

縮小化され、段々と消えて行く事を表しています。

反対に国民側はハイパーインフレの付け（高物価、高金利、大不況）を払わされます。

従って、本書ではその対策を提案しています。

南海トラフ地震＋ハイパーインフレ被害

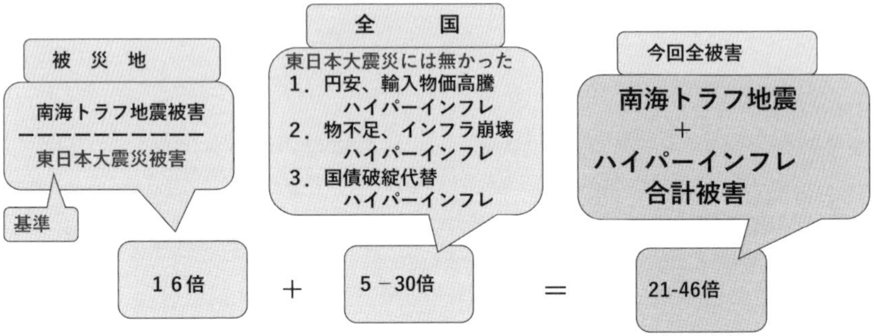

南海トラフ地震とハイパーインフレ期の被害と対策２

読者の皆さん被害対策のチェックリストにし、勝者になるためのチェックリストにして下さい

介護業者

「年金」のところで説明したとおり、年金は「マクロ経済スライド」があるため、ハイパーインフレ率より低く上昇することになっています。つまり、低くしか値上がりしないということで、年金生活者は苦しくなります。

従って、まず介護施設の入居者からの収入は減少気味となるでしょう。加えて介護業者の介護保険からの収入は、法律や行政にはいろいろな手続きが必要であるため、必ずハイパーインフレの上昇スピードにはついていけません。

一方、支出の方はハイパーインフレでドンドン値上がりしていきます。従って、赤字経営になり、行政の対応が遅くなると倒産する業者さんも出てきます。

外国人労働者

外国人労働者等は、ハイパーインフレの分だけ自国等への送金額が目減りするので、その減少分だけ補填できないと日本離れするでしょう。

コンビニ、輸送、介護、中小企業等の外国人労働者を雇用または派遣を受けている会社は大打撃を受け、事業が継続できない業者がかなり出る可能性があります。また、そのことが供給力を弱め、ハイパーインフレの加速要因になります。

嗜好品店

消費者は、ハイパーインフレ時期には、一般的に生活防衛に必死になり、不景気になります。そのため嗜好品店、ケーキ屋さん、喫茶店、外食店、レジャー店等の業種も、景気が悪くなりがちです。

生活必需品、日配品業者

生活必需品、日配品業者の場合は、不景気等により多少の需要減は発生しますが、生活必需品であるためかなり売上高を確保できるでしょう。何よりも、人手の確保が課題になると思います。

中小企業

南海トラフ地震（被災地）とハイパーインフレにより不景気になるため、容易に値上げのできる場合はよいですが、それができない中小企業は死活問題です。

ハイパーインフレ期には、社員の雇用を守るために賃上げしなければ、社員を確保すらできません。そのため、赤字に何か月、何年耐えられるかがポイントとなります。

値上げのできる会社からの人材の引き抜きに、勝ち抜かねばなりません。その上に、南海トラフ地震の被災地の中小企業であれば、今までのお客様（得意先、地域の顧客等）が残っているかどうかが大問題です。ビジネスが継続できるか否かの瀬戸際になります。

仕入れ先が被災した場合も同様で、その上にハイパーインフレになると事業継続が困難になる可能性があります。東日本大震災の時には、筆者も経験しました。

従って、南海トラフ地震に加えて、ハイパーインフレの重圧で中小企業等の倒産廃業が続出すると思います。

地震保険等のチェック

想定外13の地震保険を必ずチェックして下さい。

基本的に、中小企業のビジネス用の地震保険はありません。農協の地震保険でも、精々半額程度で十分ではないので、ビジネス用建築物等は再検討をお願いします。

地方公共団体

地方公共団体は不景気で税収が伸びず、もちろん、ハイパーインフレの上昇にもついていけません。他方、ハイパーインフレによって、支出は人件費をはじめ各経費が大幅に値上がりしますので、大ピンチになると思います。

南海トラフ地震被災地の地方公共団体では、地震で壊れた施設やインフラの復旧や避難住民支援等々支出は目の玉が飛び出るほど増加しますので、大変な大ピンチとなり、災害とハイパーインフレ「トリアージ」が起きると思います。

公共サービス部門

次のような公共サービス部門の方々

公務員や学校の先生等、介護・医療等の公的部門からの収入に依存している事業、認可事業等で料金等が許可制度になっている事業。

これらの事業者は、収入や売上高が議会や役所の許可等や手続きが必要になるため、一般的にはハイパーインフレの上昇スピードに追い付けません。その遅れ分だけ、割を食うと思います。

他方、支出はハイパーインフレで猛烈に上昇しますので、かなり赤字傾向になります。

治安

ハイパーインフレ期には景気が悪くなり、物価が猛烈に上がるため、生活苦の人々が続出します。従って、治安はかなり悪くなるはずです。

警察は公共サービス部門のため、地方自治体等の財政事情が猛烈に悪化していると増員等は困難でしょう。被災地域ではなおさらです。

ハイパーインフレ等でも好調な業種等

対策、アイディアのチェックリストにして下さい

輸入品関連事業　サービス

輸入品関連商品サービスは、南海トラフ地震の巨大な復興需要と円安によるハイパーインフレ分だけ一斉に値上がりします。また、多くのものが品薄になり、パニックになる可能性があります。ただ、供給業者は儲けることができるでしょう。

電気、ガス等の認可、許可事業は、認可許可等の手続き等により、やや遅れて値上がりします。

高級品店

日本人は南海トラフ地震とハイパーインフレに対する生活防衛で精一杯ですから、日本人向けの高級品店は苦戦します。

一方、インバウンド客等を狙った高級品店は、ハイパーインフレで逆に安くなるので需要が伸びます。

リゾート地、ホテル、旅館等

日本人は南海トラフ地震とハイパーインフレに対する生活防衛で精一杯ですから、日本人向けのものは苦戦します。

特色のあるリゾート地やホテルや旅館等で海外客の誘致に成功すれば、ハイパーインフレで猛烈に円安になっているのでお得感が出て、繁盛するでしょう。

ハイパーインフレで、相対的に「円」が割安になりますので、外国人観光客等は増加します。

M＆A

ハイパーインフレで相対的に「円」が安くなっているので、日本の技術力のある中小企業等には、東南アジア諸国をはじめ世界中からM&Aが殺到します。風光明媚な観光地等も、同様に海外からのM&A等が増加します。

逆に、日本企業の海外会社に対するM&Aは激減します。

輸出関連中小企業

輸出関連中小企業は、南海トラフ地震とハイパーインフレで猛烈な円安になるので、コスト上昇以上の海外売上高等の上昇がハイパーインフレで確保できれば、繁栄できます。
同様に日本企業の製品サービスは、円安のおかげで輸出数量が伸びます。

建築業者、土木業者

建築業者、土木業者は、南海トラフ地震後の猛烈な復興需要と、人口減少、若者減少により、ハイパーインフレ期においても、価格の値上げができるので繁栄できると思います。
ただし、海外部品等を利用している場合は、施工を中断したり、海外部品の値上げ等により期待した売上高等が確保できない場合が発生する可能性があります。

ローン等借入金保有者

ローン等の借入金保有者は、固定金利またはそれに近い条件であれば、負担が軽くなります。借入金は固定負債のため、ハイパーインフレで借入金価値は軽減していくからです。つまり、日本国債と同様です。
ただし、南海トラフ地震やハイパーインフレ等で収入等がなくなると、借入金の価値は目減りしますが元金や金利の返済負担は無くなりません。倒産、破産等の可能性が出てきますので、十分に注意して下さい。

第2節　第1期準備期

第四章に独立させて読者の皆様と一緒に考えていきます
今から南海トラフ地震とハイパーインフレ発生までの期間で
この時期にいかに準備するかが、**成功**か、**滅亡か**の**分岐点**となります。　頑張りましょう。

第3節　復興高原期

復興高原期で一番重要なことは、誤解をしないことです。

どういうことかと言えば、政府もハイパーインフレを必死に抑え込もうとするので、インフレは段々と収まってくると思いますが、それは年間インフレ率が段々と小さくなっていくだけだということです。

つまり、ハイパーインフレでたどり着いた高原状態になる（上昇率が小さくなる）ということであって、地震前の物価水準、金利水準に戻る、というわけではありません。高物価、高金利はしばらく続くと思います。

防災法則

防災投資は復興投資の４ － ７倍の効果

１．世界銀行は、災害リスク低減投資１ドルにつき、長期的には4ドルから7ドルの節約になると見積もっています。

２．ペルーでは、開発投資にリスク低減を組み込むことで、費用対効果が１対３７になりました

出典：国連国際防災戦略（UNISDR2009）

パラダイムシフト時代

１．分散化
２．自衛化
３．資金力の創造
４．財産の退避

■ 分散化

現代文明の基礎パワーは「電力」です。電力パワーが電力会社に独占されているので、「災害リスク」を分散化させる必要があります。

他方、電力会社は企業であり、企業会計で評価されるので、緊急災害対応のための人員や設備等を「常設化しがたい」のです。即ち、「災害リスク負担能力が脆弱化」しがちです。

2018年の北海道地震で北海道全土が停電したり、2019年に台風の影響で千葉県の大部分が停電したり、実際にその脆弱さを露呈しています。

そこで、以下の三つの対策が必要だと思います。

1．ソーラー発電優遇等による、災害時のリスク分散
2．ソーラー発電優遇等による、施設、企業、ビル、国民の防災力の強化
3．配電線網の空き容量の確保

自衛化

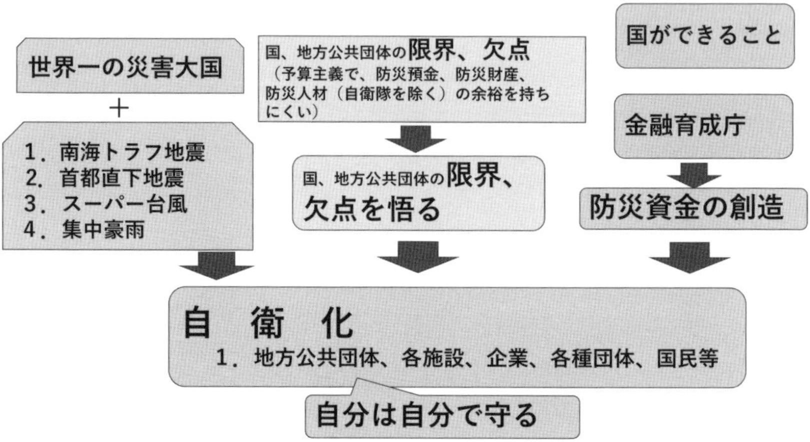

防災の役割分担

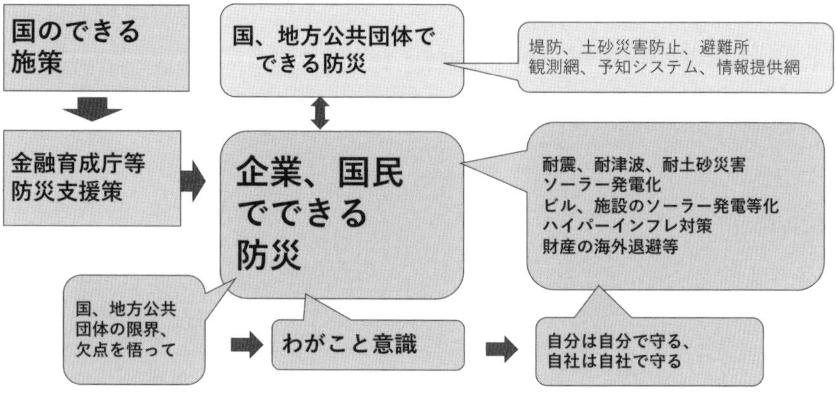

新防災パラダイムシフトへの移行問題点

■ 問題点１　日本の家計金融資産の比率は現金、預金比率が高過ぎる

P.55 の資料（日本銀行調査統計局、2020、8.21）では、現金預金比率が 54.2％で、保険・年金・定型保証が 28.4％です。この合計 82.6％が固定型資産です。

固定型資産はハイパーインフレに弱い資産で、ハイパーインフレが来るとあっという間に、５分の１、10 分の１に吹っ飛んで消えてしまいます。

疑問に思う場合は、ネットで戦後の日本のハイパーインフレを調べてみてください。非常に悲惨です。

日本国民のほとんどが、南海トラフ地震とハイパーインフレの発生後２－３年で貧困化し、難民化する可能性が大です。もちろん前述したように、被災地に限らず東京や北海道、東北、北陸、山陰も同様です。

それを防ぐために、本書で皆さんに警告し、提案をしています。

■ 問題点２　資産への海外避難等が困難なもの

生命保険、年金等において、海外等への資産の避難が困難な資産があります。途中積立等のもので、平常時タイプで積み立て等していたものを、非常時用に切り替えできるかどうか、という問題です。

また、期間の途中で移動できないもの、途中移動が解約となって不利になるもの等々、既存分は個別にご検討ください。

もし新規にそれらに加入される場合は、外貨建てのものがあるか否か、日本に戻す時に、外貨として戻せるか、等をご検討ください。

日本円で、年払い型で毎年毎年契約型があります。それでよろしければご検討する等々してください。

■ 問題点３　海外避難先資産の選別

海外避難先資産は、南海トラフ地震と令和ハイパーインフレ（巨大経済津波）が発生した場合に、まず国際価格が下がりにくいもの、そして国際価格が安定的に微増して下がりにくいものを選んでください。

さらに必ず、①避難資産のポートフォリオを組むこと②国別のポートフォリオを組むこと③時間別のポートフォリオも組む　以上３点をご留意ください。

■ 問題点４　金融庁改革と証券業者等の選定

第９代金融庁長官（2015年７月～2018年７月）を務めた森信親氏は、検査局長だった頃から改革に着手し、金融機関に「顧客本位」の商品を売ることを求めてきた人物です。

売る側の銀行や証券会社の方が圧倒的に情報を持ち、買う側の顧客の知識が乏しいことを利用して手数料を多く取れる金融商品を回転販売してきた、と批判しました。

それと共に、金融機関に対し「客の方を向いて仕事をするように」と指導するためのフィデューシャリー・デューティー（顧客本位の業務運営）と、スチュワードシップコード（年金基金や資産運用会社などの機関投資家が守るべき行動規範）改定等を実施しました。

そうした成果を、金融庁は「顧客本位の業務運営」の取組成果の公表状況（令和２年５月28日付）として発表しています。

（https://www.fsa.go.jp/news/r１/kokyakuhoni/202005/bunseki.）

いわゆる「金融庁　KPI」として有名なもので、上記アドレスか、「金融庁KPI」でネットで検索してください。

投資信託等について、顧客に利益をもたらしている金融業者等々がわかりますので、業者選定の参考にできます。

店頭型証券会社の顧客構造（私見）

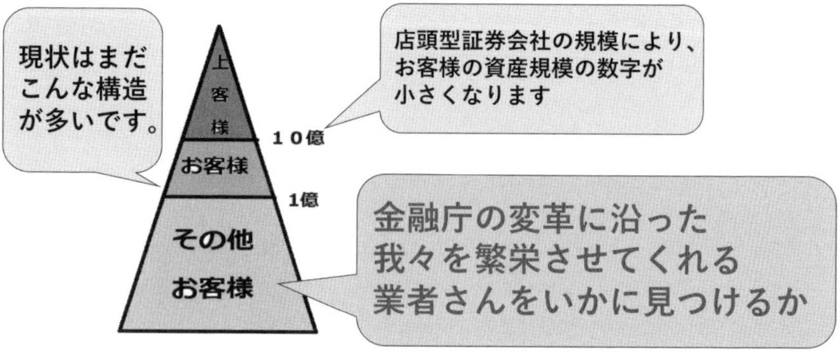

■ 問題点５－１　金融庁改革と金融機関の選定

令和元年 12 月 18 日に、金融庁は金融検査マニュアルの廃止に踏み切りました。

不良債権処理の切り札となっていましたが、不良債権比率が２％台に落ち着いたことと、実態経済に眠ったままのマネー（問題点１の現金預金比率過多）を成長投資（資産形成）に振り向けたいという目論見がありました。

また、令和２年８月の事務年度金融行政方針の中で、金融庁は「金融庁変革」を掲げ、「金融育成庁」としての役割を発揮するに不可欠な取組みを明らかにしています。

中小企業向け融資等は、マニュアルから脱却し、銀行の独自判断に委ねられました。つまり金融庁は銀行に対し、もう金融検査マニュアルに基づかなくてもいいので、自ら考えて地域創生等を行い、創生した事業に融資して自助で業績を伸ばすことを求めたのです。

また、担保や保証人重視の審査形態から脱却し、将来性があっても担保がなかったり、創業間もないため資産が少ない企業が融資対象とされにくい現状を批判しています。銀行が目利き力を高め、将来性ある企業への融資を増やすよう要求しています。

さらに、銀行自身の将来のビジネスモデルを求めています。地域金融機関の経営が厳しいので、地域経済と企業の適切なリスクをとる新たなビジネスモデルの構築が期待されます。

金融庁の変革で、実際に金融緩和されると、ある意味で金融規制のない時代になるわけです。金融庁は金融機関に対して、「自分で成長モデルを探して、自己責任で成長していけ」と言っているわけですが、皆さんもよくご存じのとおり、少子高齢化と低成長で、黒田総裁の日銀がマイナス金利政策を行っても経済成長が実現しません。

金融機関は貸出先を探すのに四苦八苦している状態で、金融機関が自社独自で「成長モデル」を構築することは極めて困難です。

そこで、次のような論文がありました。

■ 問題点5－2　有価証券投資の位置づけの問題

その論文の要旨は、以下の通りです。

1）有価証券投資に期待する収益プロファイル・リスク特性の整理

2）許容損失限度額・リスク量に見合った収益目標をいかに設定するか

3）国内金利以外の収益の源泉をどこに求めるか

さらに、次のよう主張しています。

「収益の源泉を外債、国内外の株式、為替、海外の信用スプレット等のうち、どういったものに求めていくか、もしくはこれらの組合わせをどこまで許容するかを整理する必要がある」と

■ 問題点5－3　GPIF の投資比率

ご存知 GPIF（年金積立金管理運用独立行政法人）は日本の年金制度の管理運用の総本山です。近年、次ページの表のようにその外国資産への投資比率が急速に高まっています。このことは上記2．と符合していますから、金融機関の立場としては上記の1）、2）、3）、特に3）のようになります。

つまり、金融庁は GPIF の実績からも、金融機関はもちろん、我々にも従来の金融規制を取り払って、段々と自己責任の「リスク量を計測しながら収益を上げていく」と言い始めたわけです。

しかしながら、金融機関としては新しいものへの慎重性、その方向と実績の少なさ、確たる方向性のなさ等から、試行錯誤しながら、段々と GPIF の後を進んでいく段階だと思います。

GPIFのポートフォリオ

第1期中期目標期間（2006～2009年度）

	第1期中期計画における基本ポートフォリオ				
	国内債券	国内株式	外国債券	外国株式	短期資産
資産構成割合	67%	11%	8%	9%	5%
乖離許容幅	±8%	±6%	±5%	±5%	-

①2010年4月～2013年6月

第1期の基本ポートフォリオを検証・確認の上、同じものを第2期中期計画における基本ポートフォリオとして定めました。

第二期の途中から（2014.10.31-2020.3.31）

	国内債券	国内株式	外国債券	外国株式
資産構成割合	35%	25%	15%	25%
乖離許容幅	±10%	±9%	±4%	±8%

第４期中期目標期間（2020年4月1日からの５カ年）における基本ポートフォリオ

		国内債券	外国債券	国内株式	外国株式
資産構成割合		25%	25%	25%	25%
乖離許容幅	各資産	±7%	±6%	±8%	±7%
	債券・株式	±11%		±11%	

債権と株式に分類変更

出典：GPIF 運用状況から

GPIFの収益率（運用手数料控除前）の推移収益率

	直近10年間（年率）（2010～2019年度）	19年間（年率）（2001～2019年度）
時間加重収益率	3.92	2.85
国内債券	1.69	1.55
国内株式	5.86	2.2
外国債券	4.41	4.73
外国株式	8.6	4.65

出典：GPIF 運用状況から

■ 問題点5-4　金余りと金なし

少子高齢化の影響もあり、日本経済は「失われた20年」とよく言われるように下降気味です。そのため、日銀がマイナス金利政策まで取って、日本中を資金でじゃぶじゃぶにしたのですが、なかなか景気は上昇しません。

ついに、2020年11月11日には、地銀等の再編成政策まで打ち出しました。

他方、地震保険のところで述べたように、中小企業や国民や弱者には余剰資金はなく、自己資金で「防災投資せよ」「レジリエンス投資をせよ」と言っても、ほとんどの人にはそんな余裕はありません。

つまり、政府日銀は景気を支えようと、日本中を「金余りでじゃぶじゃぶ」にして、さらに金融機関の再編まで始めている一方で 、我々国民や中小企業は上記のように余裕が有りません。

とにかく、金がありません。

つまり、日本は「ものすごい金余り状態」でありながら、国民、中小企業、弱者には全然「金がない」状態です。

■ 問題点5－5　防災投資効果

この「金余り」と「金なし」問題を解決するためには、本書に提案するような防災投資等で、金余りの金融機関から金無しの国民等へ防災資金を流せばよいわけです。世界銀行では防災投資は復興投資、レジリエンス投資の4倍の効果が有ると言われています。

これを実行すると、どういうことが起きるでしょうか。

1）金融機関は収益が改善します。

2）防災投資によって、国内景気が良くなります。

3）国民や中小企業、弱者の身体的命や経済的命が防災投資により助かり、幾多の悲劇を防止できます。

4）さらに国民や中小企業や弱者や地方公共団体の経済的命が助かります。命だけ助かっても、生活の基盤を失えば、避難民や生活保護世帯等になってしまいます。

5）防災投資、レジリエンス投資は災害後の避難民、避難施設等の予算の節約になります。

■ 問題点５－６　資産形成

「貯蓄から資産形成へ」と、金融庁は日本の家計の金融資産構成を変えようと音頭を取っていますが、本書の提案するような「資産の海外避難」問題は、家計資産の巨大地震への耐性のチェックやハイパーインフレ（巨大経済津波）への耐性チェックとなります。

そのうえ、海外避難資産の研究、投資等から「金融リテラシー教育」が大いに進むこととなり、資産形成の変革を促します。

■ 問題点５－７　地震保険代替効果

前述したように、現在地震保険が実質はお見舞金程度になっているのは、地震の被害額があまりにも巨額になり、保険会社が倒産してしまう危険性があるからです。

保険会社が引き受けられないので、1960年代に政府（田中角栄氏）が「それでは被災者が生きていけないではないか」と、政府の再保険で見舞金程度を出せるようにしたものです。

従って、実質の保険機能はほとんどありません。

更に、ハイパーインフレになると、その規模は全国、全世帯、全産業に及ぶため、その被害額は保険会社にとっても政府にとっても、天文学的な金額になってしまいます。だから保険会社も政府も、何も言わないままなのです。

つまり我々国民は、超巨大南海トラフ地震に対しても、ハイパーインフレ（超巨大経済津波）に対しても、「裸」なのです。自己責任だけです。

従って、本書では読者の皆さんにいろいろなご提案をして、「一緒に身体だけでなく経済的にも生き残りましょう！」と提案していますが、これらの提案は地震保険の代替として機能します。つまり、地震保険代替機能を創って、「命と経済的命に保険を掛けましょう」と言っているのと同じことなのです。

日銀・金融庁等への要望

防　災　基　本　理　念
（分散化、自衛化、資金力の創造、財産の退避）
のための変革提案書

1．日銀、金融庁殿
2．会計業界殿
3．国税庁殿
4．経済産業省、中小企業庁殿
5、厚生労働省殿
6．国土交通省殿
7．防災省殿

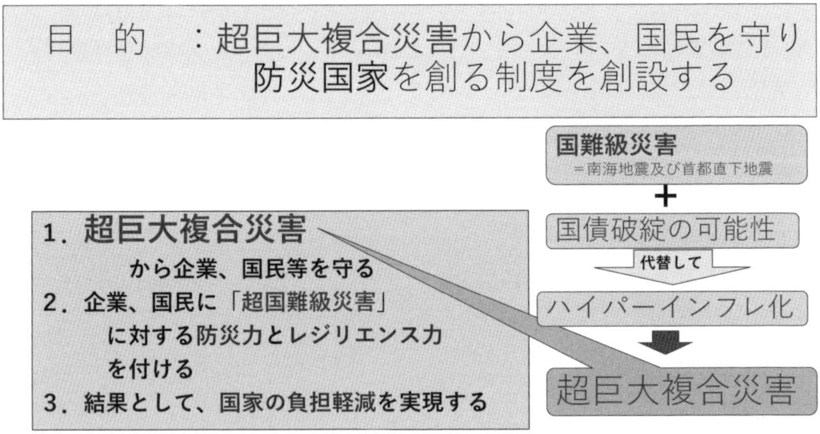

■ 各役所への要望

読者の皆さんへのお願い

南海トラフ地震とハイパーインフレについて「経済的命をいかに守るか」をテーマに書いていますが、この経済的命を守ること、つまりビジネスや家計をいかに守るかを経営的視点や資金面から書いた本はほとんどありません。
ましてや、ハイパーインフレ（大経済津波）を防災面、予防面から真正面に扱っているという面において、初めての本だと自負しています。
従って、時代にかなり先行しているため、これは「今後」のパラダイムシフトに向けて、「防災面で作ってほしい環境」という意味での役所への「要望提案」です。
「現在」の各役所では認められていないからといって、本書の提案がダメだとか、防災準備等を止めようなどと短絡しないようにお願いします。

パラダイムシフト（南海トラフ地震、ハイパーインフレ時代）に備える環境を粘り強く勝ち取っていこうではありませんか！
各役所に粘り強く要望して、できる範囲をどんどん増やして、新しい時代に勝ち残っていこうではありませんか！
現時点では、願望のレベルと言わざるを得ませんが、筆者は金融庁への要望としてのレバレッジ投資、レジリエンス投資、外貨への避難資産、防災勘定等々は実現され、資金面はかなり改善されるものと信じています。
金融庁へは、実際に「要望書」を出しているので、「要望」と表現し、他の役所へは「要望書等」を出していないため、「変革提案」としています。

■＜現状と金融庁への要望＞

■ 現状１　防災の第２段階にある

地震予知、防災段階
第１段階：予知なし段階（東北大震災が典型的）
第２段階：予知あり、金無し、潜在需要多大段階
現状の南海トラフ地震とハイパーインフレにおける現在の対応段階です。
地震本部等が活動して、予知はありますが、民間には余裕資金がほとんどありません。金に余裕がないので、防災等の実行がしたくてもできない状態です。誰でも生き残りたいので、潜在需要は多大。金融規制が問題です。
第３段階：予知あり、金あり、実行可能（自衛防災力）段階
金融規制が解除されればこの段階まで、国民は進められます。
「さすが金融育成庁！」となるよう、国民は期待しています。

■ 現状2　地震保険等は実態がない

地震の被害は多大のため、民間保険会社の引受けはゼロです。住宅用の地震保険は名目上あるだけのお見舞金であり、ビジネス用は皆無です。

農協の建物更生共済はビジネス用もあり、かなり素晴らしいですが、地震保険部分は火災保険部分の半分で、再築は無理です。

このように、地震、ハイパーインフレ（人災）に対しては多額の防災資金が必要ですが、現状、国民は「裸」も同然です。政府が人災でハイパーインフレの引き金を引きながら、被害者の国民には「裸」のままで、金融の規制緩和をせず、自滅せよと言っているわけです。酷い政府です。

■ 現状3　民間には金がない、需要はある

中小企業、国民、弱者、障害者等には余裕資金がありません。ましてや、超巨大な南海トラフ地震やハイパーインフレに備えるだけの余裕資金はありません。

一方で前述の通り、地震保険等は実態がないですし、国民、中小企業等が防災融資を求めても金融規制があり、現状の国民は「裸」も同然です。

しかし国民も中小企業も、南海トラフ地震とハイパーインフレを予知されれば、何とか助かりたいと思うはずです。

このように考えるに至ったエビデンスは、以下の通りです。

1）南海トラフ地震の想定されている地域では、各役所のほとんどで「筋交い」等の補強がなされ、外からも良く見えます。JR 等の高架等でも、補強が良く見えます。

2）ところが、民間住宅等でこのような地震対策の大規模補強工事が施工済みになっている様子は、あまり見かけません。

3）さらに言えば、耐震診断員制度や補助金等で役所が尻をたたいても、民間住宅等の大規模補強工事は進みません。

4）この一番の原因は、民間には大規模補強工事にかかる余裕資金が乏しいということだと思います。役所の横を通れば誰でも気がつき、「私もやらねば」と思っても、「先立つもの」がではないでしょうか。

■ 要望Ⅰ　日銀、金融庁はパラドックスに気づいていない

隠された現実

前述の通り、地震被害額はあまりにも巨額になるから地震保険の引き受け手の保険会社が１社もありません。倒産してしまうからです。

つまり、本来は非常に需要があるにもかかわらず、受け手がないから世の中で地震保険は実行されず、世間的には需要がないように見えています。

実際には巨大な潜在需要があるが、受け手がないので顕在化しない。しかし、実際には何とか対策したいのが本音であるはずです。

日銀も金融庁も、このパラドックスに気づいていないのです。だから金融機関も右にならえで、一見需要がないように見えるのです。

■ 要望２－１　地震やハイパーインフレで大儲けする人、大損する人

本書の別項で詳述していますが、南海トラフ地震に連動するハイパーインフレで大儲けするのは政府です。国債が代替ハイパーインフレ化し、消化されるからです。

一方の国民の方は、南海トラフ地震とハイパーインフレで猛烈に苦しめられ、大不況、倒産多発化し、失業者続出、貧困化し、自殺者もたくさん出ます。つまり、大損します。

にもかかわらず、現状は金融規制で、防災資金融資等が規制されています。従って、次の大災害時代に備えた金融規制改革を求めます。

■ 要望２－２　「見殺し金融庁」と言われないために

金融庁が、「金融育成庁」を目指すと宣言したのは、大変に歓迎するところです。

が、最近のコロナ対策は別として、未だに防災金融はパラドックスなのか、あまり目が向いていないように感じられます。令和２事務年度金融行政方針（令和２年８月）では、「南海トラフ地震防災対策推進基本計画 2019 年５月 31 日」のことはふれてなく、国民が防災資金が必要なことがわからず「見殺し」状態です。

南海トラフ地震とハイパーインフレ時代には、政府だけ大儲けして国民は大損をする可能性が大ですが、通常時の金融規制では国民の防災金融等の利用（資産の海外避難も含めて）を制限されていて、国民の自衛権は事実上奪われています。それでは「見殺し金融庁」になりかねません。世界一の災害大国の認識が欠如しています。

緊急時思考、防災時思考が必要ではないでしょうか。

■ 要望2－3　緊急時思考を　防災戦略を

前述した「南海トラフ地震防災対策推進基本計画 2019年5月31日 」に参加されなかったことは、政府一体の緊急時思考がなかったことと、防災は直接的な人命救助的なものとの潜在意識があって、経済的命（家計、ビジネス、その後いかに生きていくのか）を守るための膨大な「資金力」と「防災戦略」を忘れているのではないかと危惧します。

金融規制緩和に何年かかり、国民を資産形成型に変えるのに何年かかり、資産避難型に変えるのに何年かかるのでしょうか。大変な数です。

南海トラフ地震と令和ハイパーインフレに間に合いますか。

■ 要望3　防災には資金が必要

防災には「資金力」が必要です。特に南海トラフ地震と、連動して起きるハイパーインフレには、両方ともに巨大な以下の資金が必要です。

1）防災資金、2）避難資金、3）防災システム、4）レジリエンス資金　等々

しかしながら、地方公共団体も中小企業も一般国民も弱者も障害者等も、余裕資金がほとんどありません。

■ 要望4「金余り」から「金なし」へ流す

日本の金融機関は「金余り」で苦しんでいます。マイナス金利で苦しみ、当座預金金利優遇で地銀の再編支援まで行われています。

他方、前述した地方公共団体も中小企業も一般国民も弱者も障害者等も余裕資金がなく、「金なし」で苦しんでいます。

ならば、金融庁が規制緩和して、「金余り」から「金なし」へ「防災資金等」を流せばよいわけです。防災金融です。

国民の経済的命を南海トラフ地震とハイパーインフレという戦後最大の大災害から守ればよいのです。

それはつまり、通常言うところの「レバレッジ投資」になります。しかしこの場合の「レバレッジ投資」は、次葉の「防災活動の部」により行います。

当然、営業活動の部におけるレバレッジ投資とは別で、「お客様である国民をいかに大災害から守るか」という視点でお願いせねばなりません。金融庁も、金融機関もです。

期間、金利、担保、評価方法、返済方法等、今までの通常時思考ではなく、

ハイパーインフレ等に備えた異常時防災思考が必要になります。
特に、返済方法はハイパーインフレ発生後、避難資産を取り戻した時に、一括返済できるシステムの選択導入をお願い致します。

まさに、金融庁の指導次第で、国民や中小企業や弱者や障害者や地方公共団体が死んだり、助かったりするということなのです。
正に、金融育成庁の真価が問われます。期待しています。

■ 要望5　防災勘定

「金余り」から「金なし」へ防災融資をする時に重要なことは、たとえば、中小企業の場合にはBSに「防災勘定」を設け、PLには「防災経費勘定」を設けることです。
この「防災勘定」「防災経費勘定」によって銀行等や金融庁から「丸見え」にして、防災活動と通常の営業活動とを区分すればいいのです。
BSが営業活動の部と防災活動の部に分かれ、防災活動用のものは、預金でも、株式でも、債券でも、外国株式でも、外国債券でも、建物でも、器具備品でも、各々区分して防災活動の部に入れます。

もちろん、ハイパーインフレに備えた海外避難資産やレジリエンス投資も「防災活動の部」に載せます。
当然ですが、勘定科目の明細書も「防災活動の部」と「営業活動の部」とは別々に表記します。ＰＬも同様に区分します。
この「防災活動の部」はいろいろな特典、一時的な表面上の利益等に対しての特典等を国税庁等にお願いしていきます。
世界一の災害大国なら当然です。

■ 要望6　防災金融の始動を

「南海トラフ地震防災対策 推進基本計画」は2019年5月31日に発表され、地方公共団体や電力、ガス、鉄道等の企業等にも準備作業に入ることになりました。
どのような準備かと言えば、東側半分にM8.0クラスの地震が発生する「半割れ」(P.29図参照) の場合には、残る西側部分の市町村等に、首相命令で予め計画した通りに１週間の退避命令を出すように、というものです。つまり、南海トラフ地震の準備段階に入ったことになります。

金融庁も、政府一丸となって、「防災金融」の始動をお願いします。

■ 要望7　防災は4倍の効果

世界銀行の発表によると、「防災」はその後の復旧や復興、レジリエンスの「4倍の効果」があるとされています。

国民や中小企業や弱者や障害者や地方公共団体等に防災金融で、防災力を付けることは大変な効果を発揮し、国民や中小企業や弱者や地方公共団体に感謝されることだと思います。

当然、大災害後の復興予算等の節約にもなります。土木学会が指摘し憂慮している「日本のアジア最貧国化」が防げると思います。

■ 要望8－1　金融庁 KPI に監査報告を

金融庁 KPI は、非常に良い制度だと思います。しかし、この KPI は金融機関の自主的な数字のようで、私のような素人が探しても、金融庁が監査したというエビデンスが見つかりません。

予算や人員の制約もありますので、毎年ほんの数件でも抜き打ち監査をして、発表でもされれば国民の信頼も高まるでしょう。また、証券会社の「リスクは顧客の自己責任」を利用した手数料の回転稼ぎが無くなり、証券会社の絶滅種化から多少なりとも救われるのではないでしょうか。

■ 要望8－2　国民繁栄支援会社

金融庁の KPI も、証券会社を国民に信頼され、国民を繁栄させられるよう誘導するための指導だとは思いますが、既存の証券会社では一部の例外の人々を除き大変に難しいことだと思います。

南海トラフ地震とハイパーインフレ対策として、本書では、レバレッジ投資資産を海外避難資産にせねば、読者の資産を守れないと提案しています。

しかし既存の証券会社では、読者の皆様が損をするリスクが大ですので、読者の皆様と「国民の、国民による、国民の繁栄支援会社」を作らねば、と思っています。

ご指導宜しくお願いします。

■ 要望9　抱き合わせ行為の禁止

金融機関から支援を受けて、レバレッジ投資等をした場合、金融機関への恩義から、当該金融機関お勧めの商品サービスを購入せざるを得なくなる恐れがあります。

すると金融機関が優位的地位を乱用することになり、現在の証券会社と同じく、顧客の自己責任を利用した手数料回転主義等の悪癖と同様の状態に陥ります。

従って、顧客利益第一主義を貫けるように、「抱き合わせ行為の禁止」等の悪癖防止策をきちんとお願いします。

■ 要望10　生保の外貨建て保険への切り替え

生保は通常、30年間等の長期間の取引となります。しかしながら、南海トラフ地震とその連動ハイパーインフレを考えると、今までの円建て生保は紙くずになってしまい、国民に大損害を与えます。そうした事例は、戦後に多数ありました。

従って、円建て生保から外貨建て生保への道を可能にする指導をし、その場合にはほとんど切り替えの損失がないような方法のご指導をお願いします。

もう私のお客様には新規で、円建て生保の購入の禁止をお勧めしています。既存の掛金がかなり掛かった生保はほぼ確実に紙屑になるため、大問題になるでしょう。その対策のお願いです。

■＜その他の各省庁への提案＞

■提案１．税務、会計業界への変革提案

１。「防災勘定」を貸借対照表、損益計算書に設ける

目的

１．企業の防災力、レジリエンス力を表示し、
企業の対リスク力を表示する
２．企業の防災力、レジリエンス力を高める
３．企業の防災投資力、レジリエンス投資力を高める。
４．金融機関に、企業の防災投資、レジリエンス投資
への融資をしやすくする
５．税法で防災力、リジリエンス投資力に優遇を
与えやすくする
６．税理士業界、認定支援機関等に企業の防災力、
レジリエンス力を指導しやすくして、お客様の存続と
発展に貢献してもらう
７．世界一の災害国に相応しい災害リスク管理（防災勘定）を指導
する。（世界一の災害多発国であり、災害多発期に入っているに
もかかわらず、一般的経営管理（倒産管理）しかなく時代遅れ。）

災害多発期には
5-10年に一度は
大災害に遭遇す
るとの認識が必
要

■提案２：内閣府への変革提案

１．災害多発時代には「電力」の電力会社１社集中化を廃止し、
原子力等の危険エネルギーを廃止し、
太陽光発電等により「リスク分散」を果たすべきです。

１．電力会社は、**上場企業**として、利益計上しなければならない、勢い、
通常時の利益体質を求められ、**巨大災害時の緊急、巨大災害対応施設、**
巨大災害人員等々を常設し難い。　（北海道全土停電、千葉県停電等）
２．東北大震災による福島原子力発電所の崩壊と放射能汚染
３．上記１．２．から**災害多発時代**には電力パワーを**１社独占の集中化**から、
太陽光発電等の「リスク分散」型にすべきです。
４．再度、太陽光発電等の優遇策を復活させ、企業、施設、国民等の
「**リスク分散**」と「**個別防災自衛力**」を付けるべきです。
５．送電線網の空き容量を確保し、電力会社の太陽光発電等への**いやがら**
せを排除すべきです。
6．日本は世界一の災害多発国であり、**災害多発期**に入っていることを銘記
すべきです。

■ 提案3 自民党税調、国税庁への変革提案

1．「防災勘定」への防災投資等や償却を優遇し、
企業等の「防災投資力」を育成して、「防災国家」を創る

1．一般的な防災設備投資だけでなく、外国債券、外国株式等
への「防災勘定」（退避投資）を認める
これらは、為替変動を通じて、災害時に巨大なレジリエンス力
を発揮します、
2．その分、事後の国家予算を節約できます。
3．同時に国債破綻代替ハイパーインフレを含めた
災害時の税収源となります。
4．中小企業等の「存続」を支援（災害による倒産、破産、
規模縮小、後継者の離反等の防止）し、将来の税収源
を確保できます。

「ハイパーインフレ税制」のお願い

外貨建て「防災資産」（避難資産）を円資産に戻す時は、「防災資産勘定」に戻す限りは無税とする（引当金、準備金等々で）

1）その円資産は、数字上は利益が出ているように表示されますが、国際価値は同一であること

2）実際には、ハイパーインフレ（輸入物価高騰）等により、円表示の見せかけ利益は取り戻される（価値の減少）こと

3）間接災害地等の他地域企業国民、他地方公共団体や時間差取り戻しを可能とするため

以上の点から、防災関連減価償却資産は忘備価格を残して即時償却をお願いします。

根拠1：実態は国際資産価値差益ゼロ、むしろ手数料等を取られてマイナス。

根拠2：ハイパーインフレでは外貨資産を円資産に戻すと、名目差益が出るように見えますが、上記のように、輸入物価の高騰等は遅れてやって来るため、結果として差益は取り戻されてしまいます。

根拠3：おそらく、避難資産を取り戻しのできるチャンスは、南海トラフ地震＋国債破綻代替ハイパーインフレの時だけだと思います。他地域

の企業や国民や市町村もこのチャンスを利用できるようにすべきです。特に首都直下地震の方が遅い場合には、その資金を防災勘定内で直接防災資産投資すべきです。

根拠４：中小企業の存続支援を提案します。被災地域の半数以上の中小企業が存続の危機に陥ります。

■ 提案４　経済産業省、中小企業庁への変革提案

「防災勘定」を推進し、防災企業化を誘導し、防災に強い国家を創る

1. 企業等に「防災勘定」を表示させることによって、企業のリスク管理力、レジリエンス力を表示。それにより安心した投資ができるようにする
2. 地震国における避難投資保護を充実し、防災化された地方公共団体、企業、施設、ビルを指導する
3. 太陽光発電等の指導やリスク分散の指導で、企業、施設等の自衛化を図る
4. 災害を起因とした倒産、廃業、後継者離反等を防止する
5. 「中小企業等」の「働く場」を災害から守る

■ 提案５ 厚生労働省への変革提案

超巨大複合災害が発生した時、介護業者等は介護保険等からの入金が縮小したり、遅れたりして経営困難となることが予測されます。他方、入居者の資金力はハイパーインフレでほとんど無くなります。

結果として、多数の介護業者等が倒産する可能性があり、被介護者は支払いが困難となることが予測されます。

同様のことが医療の現場でも起こると予測されます。

従って、介護業者や介護保険利用者の双方に対して、金融緩和により、地方公共団体等と協調した新たな防災投資システム等が必要となります。現在開発中ですので、完成しましたら採用を要望致します。

また、他の災害弱者（長期入院患者、障害者の皆さん等）への同様な施策を要望致します。

■ 提案６ 国土交通省への変革提案

金融規制緩和を推進し、企業等の「防災勘定」を推進し、防災企業化等を誘

導し、分散型の防災リスクに強い国家を創る

1．企業、施設、地方公共団体等に「防災勘定」を表示させる
2．それによって、企業等のリスク管理力、レジリエンス力を示し、金融機関等から投資ができるようにする
3．太陽光発電等を指導し、リスク分散を指導し、できる限り企業、施設、ビル等の電力パワーの分散、自衛化を図る
4．できる限り企業、施設、ビル、自宅等の太陽光発電化等の自衛力を強化し、停電、断水等による営業停止、避難民化を防止する（その分、事後予算の節約になる）
5．特に、医療施設、介護施設等に対しては太陽光発電等による自衛力を創造し、本書の防災勘定を通じての防災投資を可能にすることを要望する。

■ 提案7「防災省」の設置を

日本は地震国です。地震発生ランキング世界で第2位、自然災害（地震、台風、洪水等）発生ランキング世界で第1位となっています。

南海トラフ地震や首都直下地震等も予測されており、超巨大複合災害が起きれば日本史上最大の災害になります。

近年は地球温暖化で、異常気象が増加しています。毎年、毎年、巨大な災害が起きているのに、防災省がないのはおかしいのではないでしょうか。

防災関係だけでも、内閣府、総務省、文部科学省、経済産業省、国土交通省、水産庁と管轄が縦割りでバラバラ、機能不全と言わざるを得ません。

国家は、日本国民の生命と財産を守るために防災省を作って本格的に防災国家を創るべきです。せめて、人災部分を減災すべきです。

世界第一位の自然災害大国日本、世界第二位の地震大国日本は縦割り行政で6省庁以上に分断して機能不全しており、「防災省」もなく、防災意識が稀薄で、国民の生命と財産を守ろうとの意思がなく、無視も甚だしいです。

その上に、人災である日本国債で、代替ハイパーインフレ化して、ハイパーインフレのスイッチを押して、「不意打ちで」令和巨大ハイパーインフレを起こさせて、日本をアジアの最貧国に陥れようとしています。

戦後最悪の大大連動災害になり、中小企業は、連鎖倒産で半分は倒産し、失業者は労働者の恐らく半分以上になります、その苦しい「生き地獄」が4－5年続きます。

規模はコロナ禍の5－10倍だと思います、日本国民全員が生き地獄に陥れられ、日本の産業全体が巨大な悪影響を受けるからです。恐らく、政治家や霞

が関の官僚のハイパーインフレしょうがない派は、南海トラフ地震と令和ハイパーインフレの時、特に令和ハイパーインフレ部分については、又、東北大震災のように、時の総理大臣に「想定外でした」、と頭を下げさせて、責任逃れをしようとするでしょうが，国民は「想定外でした」で済まされてはたまりません、ものすごい戦後最悪の連動災害ですから。

人災部分は人災ですから、かなり防災できます。国民を防災自衛国民にするようあらゆる手だて、施策を打てば、人災部分は、かなり被害を縮小化できます。それには、「防災省」を創り、金融改革して、国民を「防災自衛国民」に育て上げることです。そして、それを国際社会にPRして、ヘッジファンドや中国、ロシア、北朝鮮等の国家ファンドに「円の空売り」を諦めたり、弱めさせることです。

さすれば、あとは自然災害の南海トラフ地震が中心となりますので、おそらくは「円の空売り」攻勢は3分の1から5分の1ぐらいに弱まり、日銀も円の防衛がかなりできるのではないかと思います。

要するに、日本政府が自分たちが創った人災（日本国債代替ハイパーインフレ）を自分たちの責任として、いかに本気になって防災しようとするか否かだと思います、自分たちの責任として、本気になって国民をお救いしようとするか否かだと思います。

防災投資とレジリエンス投資

防災投資とレジリエンス投資

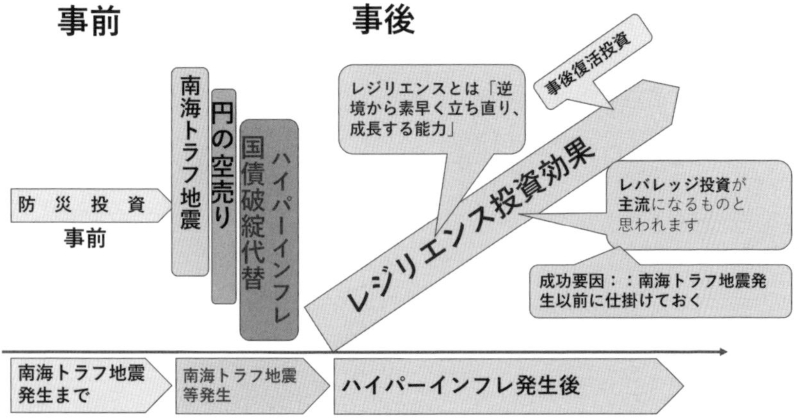

海外レバレッジ投資とハイパーインフレ（HI）

	保有財産（国内）			海外レバレッジ投資		レバレッジ投資金利				HI後レバレッジ投資財産			HI後合計	レバレッジ投資後	レバレッジ投資後	
HI率	保有財産 H	担保	HI後保有財産 M	借入金	海外投資	金利年	年間金利額	月金利額	12年間金利合計K	HI後借入金	HI後投資財産	HI後投資財産計G	財産 R G＋M－K	財産増加額	財産増加率R÷H	投資倍率 G÷K
300%	10	（−0.9）	3.33	3	3	0.012	0.036	0.003	0.432	1	9	8	10.898	0.898	1.0898	18.5185
500%	10	（−0.9）	2	3	3	0.012	0.036	0.003	0.432	0.6	15	14.4	15.968	5.968	1.5968	33.3333
1000%	10	（−0.9）	1	3	3	0.012	0.036	0.003	0.432	0.3	30	29.7	30.268	20.268	3.0268	68.75
300%	10	（−1.5）	3.33	5	5	0.012	0.06	0.005	0.72	1.66	15	13.34	15.95	5.95	1.595	18.5278
500%	10	（−1.5）	2	5	5	0.012	0.06	0.005	0.72	1	25	24	25.28	15.28	2.528	33.3333
1000%	10	（−1.5）	1	5	5	0.012	0.06	0.005	0.72	0.5	50	49.5	49.78	39.78	4.978	68.75
300%	10	（−3）	3.33	10	10	0.012	0.12	0.01	1.44	3.33	30	26.67	28.56	18.56	2.856	18.5208
500%	10	（−3）	2	10	10	0.012	0.12	0.01	1.44	2	50	48	48.56	38.56	4.856	33.3333
1000%	10	（−3）	1	10	10	0.012	0.12	0.01	1.44	1	100	99	98.56	88.56	9.856	68.75
300%	10	（−6）	3.33	20	20	0.012	0.24	0.02	2.88	6.66	60	53.34	53.79	43.79	5.379	18.5208
500%	10	（−6）	2	20	20	0.012	0.24	0.02	2.88	4	100	96	95.12	85.12	9.512	33.3333
1000%	10	（−6）	1	20	20	0.012	0.24	0.02	2.88	2	200	198	196.12	186.12	19.612	68.75

担保不足分国内担保

この欄のみ保有財産の２倍借入

海外投資

金利例　年1.2%

2020年から南海トラフ地震発生政府予想期間

資産海外避難とハイパーインフレ（HI）

	保有財産（国内）	国内へ残した財産		海外へ避難した財産		財産合計	投資	
HI率	保有財産	国内残財産	HI後保有財産	海外退避財産	HI後退避財産	HI後合計財産	倍率 G÷K	
300%	10	7	2.33	3	9	11.33	300%	
500%	10	7	1.4	3	15	16.4	500%	３割海外避難
1000%	10	7	0.7	3	30	30.7	1000%	
300%	10	5	1.66	5	15	16.67	300%	
500%	10	5	1	5	25	26	500%	５割海外避難
1000%	10	5	0.5	5	50	50.5	1000%	
300%	10	0	0	10	30	30	300%	
500%	10	0	0	10	50	50	500%	全額海外避難
1000%	10	0	0	10	100	100	1000%	

ハイパーインフレ率

HIが起きた時、国内に残した財産の目減り後額です。

海外避難した財産

海外避難した財産のHI後増加額

HI後の総財産

故郷レジリエンス投資と故郷防災投資

レバレッジ投資（分類）

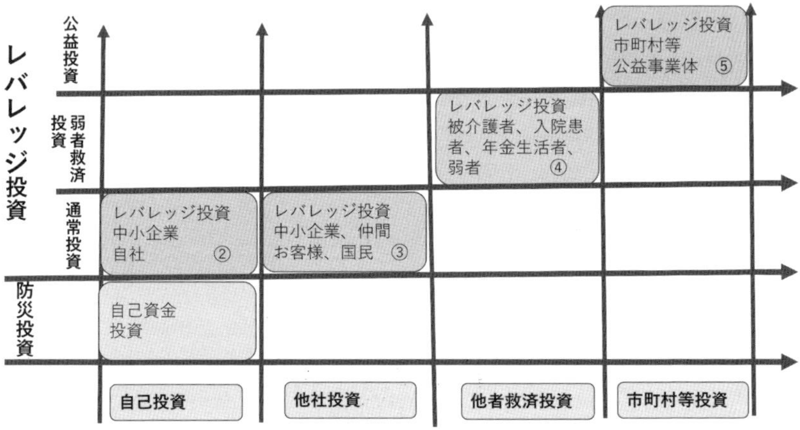

■ 市町村と住民のレジリエンス投資（事後）と防災投資（事前）

上図（レバレッジ投資）の右上の⑤部分が、次ページの説明図「故郷レジリエンス投資」と「故郷防災投資」です。

市町村は通常「未来資金」「未来防災資金」「未来レバレッジ（レジリエンス、復活）投資資金」等がありませんが、「信用力」はあります。一方、会社員、フリーランス、主婦、退職者、障害者、年金生活者、シングルマザー等の住民等は、銀行等では単独で借入が難しいです。

従って、住民等が集団でいわば「種銭」の造り役をし、市町村は「信用」を提供します。そして、住民等の「種銭」と市町村の「信用力」を活かして、銀行借入等による「レバレッジ」をします。役割分担の「画期的」なものです。

この方法によれば、予算のない市町村でも防災投資やレジリエンス（復活）投資ができます。そして住民側も、リターンとして市町村と同等のレバレッジ効果を目指すことができます。つまり「ふるさと納税」の防災版のようなもので、銀行借入が単独では困難な住民や企業等が集団で「種銭」造りをし、役割分担で「レバレッジ投資」を実行するので、市町村の防災投資やレジリエンス（復活）投資を支援する「画期的」なものなのです。

がありません、アメリカ次第になり、中国が何らかの口実を設けて尖閣諸島に攻め込んできた時には日本は自国を守る力がない状態になり、残るはその時のアメリカに余力があるか否か、となります。旧ソ連に北方領土を取られた時と同じ失敗の可能性大です。

・国債問題

小善は大悪の日本国債問題（人災）がなければ、ハイパーインフレも起きません。地震被害だけですみます。尖閣諸島問題の危機も、中国にスキを突かれる可能性は少なく、現状維持が可能だと思います。

・太平洋戦争

太平洋戦争も軍部や政府の小善が国民の大悪をもたらしたと思います。

・原子力

原子力発電問題も同様で、電力会社や政府の目先の価格提示や必要性強調の小善が原子力発電事故や原子力発電燃料廃棄物等の何百年－何億年単位のトータルコストが見えない中の大悪だと思います。欧米の大陸ならまだしも地震大国日本に何千年－何億年単位で原子力廃棄物を保管しておく場所などないと思います。放射性廃棄物の海洋投棄問題も風評被害もあり、漁業者も反対しています。そこまでのコストと安全性から言えば太陽光発電や風力発電の方が総コストと安全性から言って優位で、目先の原子力にかかわる電力会社と政府は小善の大悪だと思います。

・子孫達への責任

このように、政府と政治家には国家の100年を語れる「哲学」が必要だと思います。それは現在だけでなく、子供、孫等の次世代、100年後の世代に、何を残していくか、だと思います。それが親世代の責任だと思います。国民の方も票のために小善を流し続ける政治家等をよく見極めて、大悪を浴びないように自衛せねばなりません。

・防止機関

従いまして、「小善は大悪」を防止する機関が必要です。プライマリーバランスが大切だ、大切だと言いながら実行せず、国難に貶めるような愚行を繰り返させてはいけません。地震大国の政府が借金大国をする愚かさを、二度と繰り返させてはなりません。それを許している国民も大罪だと思います。

・不意打ち災害

ノーモア東日本大震災、ノーモア戦後ハイパーインフレ

以上のように、政府の「小善は大悪」のこれ以上の進行をストップをかけながら我々国民に取っては、南海トラフ地震と令和ハイパーインフレ問題はもう９合目まで来ていますので、「小善は大悪に似たり」の問題を考慮しながら、目先の我々国民自身の自衛、防災を実行しなければ間に合いません。もう数年しか時間的余裕が有りません。できれば2023年頃までに、遅くとも2025年頃までに、南海トラフ地震と令和ハイパーインフレ対策をお済ませ下さい。

勿論、人命が一番大切ですが今回はさらに戦後最大の南海トラフ地震にいかに、経済的に、経営的に、家計的に生き残るかが大切になります。そして、更に、「ノーモア東日本大震災」「ノーモア戦後ハイパーインフレ」として、巨大経済津波であるもう一つの令和ハイパーインフレにいかに「不意打ち」で流されたり、飲み込まれたりしないようにするか。いかに経済的に生き残るか、いかに経営的に生き残るか、いかに家計的に生き残るか、の問題が重なってきます。もっと、はっきり言いますと、本書のみが、南海トラフ地震に連動して、戦後のハイパーインフレに匹敵する令和ハイパーインフレが90％以上の確率で起きるので、そちらの防災準備もして下さい、と読者の皆さまに申し上げているのです。日本で初めてです。日本中の読者の皆様の命運を大きく左右します。つまり、南海トラフ地震に身体的に生き残ったとしても、今度は、「不意打ち」で令和ハイパーインフレに襲われたら、どのようにして、生活していくか、ビジネスしていくか、更に更に令和ハイパーインフレの中をいかに生きていくか、を問われることになります。本書読者以外の国民の皆様にとっては「不意打ち被害」になります。その時一番大切なことは資金の問題になります。いかに、資金を確保して経済的に生き残るか、いかに経営的に生き残るか、いかに家計的に生き残るか、です。

1）つまり、本書で申し上げましたように、現在の皆さまの資産をハイパーインフレでいかに失わないようにするか、資産をハイパーインフレの起きない海外に避難をさせる必要が有ります。

2）さらに、政府に日本国民の生きる権利を主張して、認めさせ、金融緩和や税制改革等々を実現して、防災レバレッジ等をも実現し、より安全に資産を海外に避難させ、

3）令和ハイパーインフレの進行状況を見ながら、終息状況を見ながら、あたか

も株価の変動を見ながらのように、いつ日本国内に戻してくるか、が問題となります。恐らく複数回にならざるを得ないと思います。更に、更に、更に申し上げれば、経営的にや経済的に言えば、地域のお客様、取引先等々の関係者にも我々と同様に経済的に、経営的に、家計的に生き残ってもらわねば、我々自身の倒産や働き口を失うことになりかねません。今までの防災の本と言えば、人命中心がほとんどで、又、BCPも言われてはいますが、かなりが現場型に近く、巨大防災に一番重要な資金面の確保等経営的なBCPが書かれたものはほとんどありません。ですから、資金力の弱い中小企業さんの経営的BCPに対する動きも鈍いです。ましてや令和ハイパーインフレに対する防災対策を書いた本は本書のみです。

・読者の皆様と一緒に

第４章で述べましたように、特に、令和ハイパーインフレの防災対策は１）手持ち資産の海外避難と２）金融緩和や優遇税制の行方等を見ながら防災レバレッジ等をかけたり、ポートフォリオ等々を組んだりせねばなりませんし、さらには令和ハイパーインフレの進行状況を見ながら複数回に渡って段々と日本に戻してくる、等々をせねばなりません。更に、金融緩和等は何処まで進行しているのか、どんな税制が実施されているか、等々本書の実行面について、読者の皆様を応援するホームページや会社を創っていくつもりです。

本書は表面的には定価の価値ですが、読者の皆様への本当の提供価値は次のようなものだと思います。

本当の価値１番：：本書のヒント等により、読者の皆様の何千万円、何億円という財産をハイパーインフレの不意打ち災害から守る価値です。

更に、ハイパーインフレ以降の読者の皆様のビジネスシステムや生活収入システムをこれまで通りか、それ以上に本書のヒント等によって守ってもらう価値です。（自社、自分のビジネスシステムを守る価値）

本当の価値２番：：読者の皆様の大切な大切な親戚、友人、知人に、この本書をお勧め下されば、失礼な言い方かもしれませんが、その大切な方々の何千万円、何億円もの財産を守り、更に、その大切な大切な方々のハイパーインフレ以降のビジネスシステムを守り、生活収入システムを守ることができる価値です。(大切な大切な方々を守る価値)

本当の価値３番：：会社やビジネスはお客様やお取引先や社員さん等を守れなければビジネスの継続はできません。たとえばですが、当社、当事務所の場合で言いますと、当社や事務所の全部のお客様に本書を紹介して、その全部のお客様をハイパーインフレの不意打ち災害から守り、その各社のお客様の何千万、何億円の財産を守り、ハイパーインフレ以降の、ビジネスシステム、生活収入システムを守ります。その価値です。それをしなければ、当社や当事務所が倒産してしまいます。（お客様、お取引先、社員さん等を守る価値）

・出版のお礼

最後に本書の出版に当たり、長年に渡りご指導下さいました城村典子先生に大変に感謝申し上げます、当初は、私が言っていることを「本当かしら」と思われたと思いますが、2018年6月28日の土木学会/レジリエンス委員会の－巨大災害による「国難」を乗り越えるために－のシンポジュウムにも出席していただき、私の言っていることがまんざらウソでもなさそうと思われたと思います。本当に長いお付き合いを有難うございます。又、尾崎久美さんにはお忙しい中を大変に素晴らしいアドバイス等を頂き、大変に感謝致しております。さらに、中山聡子さんにも数々のお世話を賜り、本当に有難うございました。又、道倉重寿さんには本書の出版を力強く押して下さり、出版に至りましたことをここに大変に感謝いたします。

令和3年6月18日
脇田康裕

参考図書

地震

３・１１その日を忘れない	飯沼勇義	鳥影社
南海トラフ巨大地震から命を守れ！	池上彰、メ～テレ報道局	角川文庫
次の震災について本当のことを話してみよう。	福和伸夫	時事通信社
必ずくる震災で日本を終わらせないために。	福和伸夫	時事通信社
巨大地震Xデー	藤井　聡	光文社
日本列島の下では何が起きているのか	中島淳一	講談社

ハイパーインフレ

ジャパン・クライシス	橋爪大三郎、小林慶一郎	筑摩書房
恐慌と国家破産を大チャンスに変える！	浅井隆	第二海援隊
預金封鎖、財産税、 そして１０倍のインフレ！！　下	浅井隆、小黒一正	第二海援隊

財政

財政破綻後	小林慶一郎　編著	日経BP社
日本国債が暴落する日は来るのか？	榊原英資	ビジネス社
国家は破綻する	藤巻健史	幻冬舎

金融

日本の国難	中原圭介	講談社現代新書
預金封鎖に備えよ	小黒一正	朝日新聞出版
円消滅	大井幸子	ビジネス社
中央銀行は持ちこたえられるか	河村小百合	集英社新書

経済

不安な個人、立ちすくむ国家	経産省若手プロジェクト	文藝春秋
日本への警告	ジム・ロジャーズ	講談社＋α新書
ジム・ロジャーズ大予測	ジム・ロジャーズ	東洋経済新報社
未来の年表	河合雅司	講談社現代新書
未来の年表２	河合雅司	講談社現代新書

失敗

「想定外」を想定せよ！	畑村洋太郎	NHK出版

経営

この国の未来に賭けてみよう	中村和己	文響社
この方法で生きのびよ！	鈴木博毅	経済界

パラダイム

パラダイムの魔力	ジョエル・バーカー	日経BP社

著者紹介

脇田康裕（わきたやすひろ）

愛知県在住　新年齢56.7歳
昭和44年税理士登録、昭和45年行政書士登録、平成3年中小企業診断士登録
平成8年　『夢を実現する成功学の法則』　出版
現在、裕昂税理士法人代表社員、中部ビジネスコンサルタント（株）
（株）ナゴヤM&A・エフピーセンター、（株）ナゴヤM&Aセンター
（株）ダーウイン、各社代表取締役　各社名古屋市及び一宮市に事務所を構える。
使命：読者を始め日本国民の皆様にハイパーインフレの「不意打ち災害」を警告し、皆様の経済的、経営的、家計的、「命」を南海トラフ地震と令和ハイパーインフレから守ること
予定：仮称：皆様證券（株）設立運動中　「資産転換、資産形成、資産避難、資産育成、ビジネスチャンス」担当
盛心塾（旧盛和塾尾張）塾生、
タイプ：戦略コンサルタント
趣味：クラシック（メロディー曲）
好き：夢、目標、志、成功哲学
心掛け：繁栄支援、利他、励ますこと、育てること
特技：幾何的未来思考（本書に詳細）
研究中：繁栄土地
SNS : Facebook

新　年　齢

日野原先生曰く

戸籍年齢×0.7＝「新年齢」
（今の年齢）　**（昔の人の年齢）**

医学進歩×食料事情⬆

「新年齢」提唱者：
日野原先生が講演で、「現代人は食料が良くなり、医学が発達しましたので、元気なのです。だから現代人の年齢に7掛けぐらいすると昔の人の年齢になります」と仰っておられました。

早速気に入って、日野原年齢として数年使ってきましたが、この度、著者紹介でも、最初、日野原年齢で書いてみましたが、なんとなく、しっくりいかないところが有りましたので、幾何的未来思考で数日、見えない線を探しました。有りました、日野原年齢を「新年齢」に変えてみました。ピッタリきました。同時に、日野原年齢ですと私一人が気に入って使っているような気分でしたが、「新年齢」ですと誰でも使ってもらえます。誰でも元気になってもらえます。

例えば「戸籍年齢」で７０歳に成った時に、「古希」を迎えました、と言うと偉く年取った感じになり、しょぼくれてしまいますが、それを「新年齢」で４９歳です、と言えば、まだまだ若い、もっと頑張ろう、と「前向き」になりませんか。

つまり、戸籍年齢には昔の寿命が短かった時代の言い方、価値観がいっぱいくっついていますが、食料が良く成り、医学が格段に進歩して元気な現代人の元気さ、価値観、年齢感に合わない訳です。元気なシニアの婚活や結婚も増えています。

ですから、現代人は現代人に合った「新年齢」で仕事や趣味や生活をすべきです。元気に、前向きになりましょう。戸籍年齢を意識して、自分からしょぼくれて、後ろ向きになり、寿命を短くすべきでは有りません。早く死にたいのですか？

自己紹介で皆さんへの印象付けにも使えますよ

南海《なんかい》トラフ地震《じしん》とハイパーインフレ
令和《れいわ》最大《さいだい》の危機《きき》にどう備《そな》えるか？！

2021 年 8 月 5 日　初版第1刷

著　者／脇田康裕（わきた　やすひろ）
発行人／松崎義行
発　行／みらいパブリッシング
〒166-0003 東京都杉並区高円寺南 4-26-12 福丸ビル 6F
TEL 03-5913-8611　FAX 03-5913-8011
http://miraipub.jp　E-mail: info@miraipub.jp
企画協力／Ｊディスカヴァー
編集／道倉重寿　尾崎久美
図版／脇田康裕
ブックデザイン／池田麻理子
発　売／星雲社（共同出版社・流通責任出版社）
〒112-0005 東京都文京区水道 1-3-30
TEL 03-3868-3275 FAX 03-3868-6588
印刷・製本／株式会社上野印刷所

ISBN978-4-434-29071-8 C0033